F. X Malcher

Herzog Albrecht zu Sachsen-Teschen

bis zu seinem Antritt der Statthalterschaft in Ungarn, 1738-1766

F. X. Malcher

Herzog Albrecht zu Sachsen-Teschen
bis zu seinem Antritt der Statthalterschaft in Ungarn, 1738-1766

ISBN/EAN: 9783743329010

Hergestellt in Europa, USA, Kanada, Australien, Japan

Cover: Foto ©ninafisch / pixelio.de

Manufactured and distributed by brebook publishing software
(www.brebook.com)

F. X Malcher

Herzog Albrecht zu Sachsen-Teschen

Herzog Albrecht

zu Sachsen-Teschen

bis zu seinem

Antritt der Statthalterschaft in Ungarn.

1738–1766.

Eine biographische Skizze

von

F. X. Malcher.

Mit 1 Photogravure und 4 Text-Illustrationen.

Wien und Leipzig.

Wilhelm Braumüller

k. u. k. Hof- und Universitäts-Buchhändler

1894.

Herzog Albrecht zu Sachsen-Teschen

bis zu seinem

Antritt der Statthalterschaft in Ungarn.

1738—1766.

Eine biographische Skizze.

———

Inhalt.

···

II. Kriegsjahre.

1759—1763.

einigung der Oesterreicher mit den Russen. Laudon erstürmt Schweidnitz. Herzog Albrecht erhält ein selbständiges Commando. Verlegung der Truppen des Herzogs in die Winterquartiere. Dislocation der kaiserlichen und französischen Truppen. Albrecht und sein Bruder Xaver in Rudolstadt. Der fürstliche Hof. Die Brüder trennen sich wieder. Reise Albrechts nach München. Der kurfürstliche Hof. München und Umgebung. Der Carneval. Abreise nach Wien und Warschau. Redoutenbälle in Warschau. Eröffnung des Landtags. Prinz Ludwig von Württemberg wird aus Wien verwiesen. Rückreise des Herzogs Albrecht zur Armee. Der Feldzug des Jahres 1762. Friedrich II. sucht neue Bündnisse. Tod der Kaiserin Elisabeth von Rußland. Thronbesteigung Peters III. Seine Bewunderung Friedrich's. Frankreich, zur See von England besiegt, verliert Canada. Entthronung Peters III. Sein Tod. Herzog Albrecht über die Vorgänge in Rußland. Verhalten des Generals Czernischeff. Albrecht marschirt gegen Weckelsdorf. Friedrich II. belagert Schweidnitz. Die Festung capitulirt. Herzog Albrecht rückt mit seinem Corps gegen Hohenelbe. Sein Hauptquartier in Reichenberg. Marsch auf Stolpen. Gräfin Cosel. Charakter der Kriegführung Albrecht's. Frieden von Hubertsburg. Prinz Ludwig von Württemberg vermählt sich mit Fräulein von Beichlingen. Reise Albrecht's nach München. Sein Urtheil über den siebenjährigen Krieg. Aufenthalt in Wien und Erkrankung. Reise nach Dresden. Einzug des Königs August III. in die Stadt. Nothstand des Landes. Geselliges Leben. Erkrankung des Königs. Prinz Carl wird des Herzogthums Curland entsetzt. Elisabeth, Peter III. und Katharina II. von Rußland. Prinz Xaver und der Marschall von Sachsen. Gräfin Mniczech. Finanzen, Gebräuche und Sitten am sächsischen Hofe. Der König in Teplitz. Geldverlegenheiten Albrecht's. Oberst von Miltitz. General Stutterheim. Albrecht's Ankunft in Wien. Tod August's III. Gemüthsstimmung Albrecht's. (Seite 43—118.)

III. Dauernder Aufenthalt in Ungarn. Ungeahntes Glück. Verlobung und Vermählung.

1763—1766.

Die Kaiserin ernennt den Herzog zum General der Cavallerie und Gouverneur von Comorn. Erdbeben in Comorn. General Eckel. Aufenthalt in Ofen. Die königliche Burg. Graf Grassalkovich. General Hadik. Beschäftigung Albrecht's. Veränderungen am sächsischen Hofe nach dem Tode des Königs. Brühl, Flemming und Einsiedel. Rath Ferber. Tod der Erzherzogin Isabella, Gemalin Joseph's. Ableben des Kurfürsten Friedrich Christian. Herzog Albrecht über ihn. Die Kurfürstin Witwe. Urtheil Albrecht's über sie. Prinz Regent (Administrator) Xaver und die Kurfürstin Witwe. Parteiungen in Polen. Der sächsische Landtag. Rücktritt Einsiedels. Albrecht's Reise nach Freising und München. Prinz Clemens wird zum Bischof geweiht. Herzog Albrecht in Wien. Krönung Joseph's zum Römischen König. Herzog Albrecht über den kaiserlichen Hof und die Regierung. Séjour in Laxenburg. Albrecht und Marie Christine. Albrecht in Preßburg. Eröffnung des Landtags. Festlichkeiten. Ausflug nach den Bergstädten Schemnitz und Kremnitz. Albrecht über die Beschaffenheit des Landes. Empfang in Schemnitz. Besichtigung der Bergwerke. Exercitium der Bergknappen. Scheibenschießen der Bürgerschaft. Einzug in Kremnitz. Empfang in Neusohl. Festlichkeiten. Abreise nach Schönbrunn. Albrecht über seine Erziehung. Wiedereintreffen in Preßburg. Fahrt des Hofes nach Waitzen. Der Herzog empfängt die Kaiserin in Ofen. Herbstjagden in Holitsch. Liebenswürdigkeit des Kaisers. Jagdbeute. Schluß des Landtags. Der Herzog wird nach Preßburg versetzt. Theilnahme Albrecht's an den Berathungen der Militär Commission in Wien. Wohnung Albrecht's im Taroucca'schen Palais auf der Augustiner Bastei. Inniger Verkehr mit der kaiserlichen Familie. Marie Christine. Ihr Charakter. Ihre Erziehung. Maria Theresia begünstigt die Neigung des Herzogs zu ihrer Tochter. Rathschläge, die sie derselben ertheilt. Marie Christinens Geständniß. Kaiser Franz. Zweite Vermählung Joseph's mit

Unter die um die Stadt Wien verdienten Männer, deren Standbilder im großen Festsaale des neuen Rathhauses einen Ehrenplatz erhielten, gehört Herzog Albrecht zu Sachsen-Teschen. Die Reichshauptstadt erfüllte hiemit einen Act der Dankbarkeit gegen den Prinzen, der die »Alber= tinische Wasserleitung«, das Vermächtniß seiner im Jahre 1798 aus dem Leben geschiedenen Gemalin, der Erzherzogin Marie Christine, im Jahre 1805 der Vollendung zuführte. Mit der Stiftungsurkunde in der Rechten blickt der Herzog von seinem hohen Piedestal auf die Besucher des Saales herab, ein Repräsentant vergangener Zeiten auf die Gegen= wart.

Seit dem Ausbau der großartigen Hochquellen= Wasserleitung gerieth das einst wohlthätige Werk des Herzogs in Vergessenheit, während eine andere Gründung: die in weiten Kreisen der Gebildeten aller Nationen bekannte erzherzogliche Kunstsamm= lung »Albertina« seinen Namen noch immer lebendig erhält und den Besuchern unversiegbaren Genuß gewährt. Und wer die Hofkirche zu St. Augustin betritt, dem leuchtet die herrliche Schöpfung Canova's entgegen, das Grabdenkmal, das der Herzog seiner unvergeßlichen Gemalin setzen ließ.

In drei Richtungen hat Herzog Albrecht während seines Lebens seine Thätigkeit entfaltet: als Feldherr, Staatsmann und Kunstfreund. Neben dem Prince de Ligne ist er überdies einer der letzten Repräsentanten eines Grand Seigneur des vorigen Jahrhunderts. Die vorliegende Darstellung soll zur Ergänzung des von Adam Wolf in seiner Biographie der Erzherzogin Marie Christine geschaffenen Lebensumrisses des Herzogs Albrecht dienen und beruht größtentheils auf handschriftlich vorhandenen Memoiren und Briefen 2c.

Moritzburg.

I. Jugendzeit.
(1738—1758.)

Am 11. Juli des Jahres 1738 auf dem zwei Meilen nordöstlich von Dresden gelegenen königlichen Jagdschlosse Moritzburg wurde Herzog Albrecht Casimir August geboren. Sein Vater August II.,*) Sohn August I. (II.), des Starken, wurde in demselben Jahre durch den Wiener Frieden (18. Nov.) in Folge der Verzichtleistung Stanislaus Leszinski's als König von Polen anerkannt, nachdem er bereits 1733 zum König gewählt und den 17. Jänner 1734 in Krakau gekrönt worden war. Seine Mutter Maria Josepha war eine Tochter Kaiser Josephs I. Von den vierzehn Kindern, welche sie ihrem Gemal schenkte, war Albrecht das elfte.

Die Königin schwebte bei der Geburt dieses Prinzen in Todesgefahr, und auch für die Er-

*) Als König von Polen August III.

haltung des Neugeborenen war man besorgt. Auf Anordnung des Arztes wurde demselben alter Ungar= wein eingeflößt, durch dessen belebende Kraft der Prinz sichtlich erstarkte. Seitdem war es am sächsischen Hofe Sitte geworden, jedem Neugeborenen alten Ungarwein zu reichen.

Die erste Jugend des Herzogs fällt in die Zeit des österreichischen Erbfolgekriegs. Auch Sachsen erhob Erbansprüche, und seine Truppen schlossen sich bei Prag an die französischen unter dem Marschall von Sachsen, einem natürlichen Sohne Augusts II. an. Bei der Erstürmung Prags besetzten die sächsischen Truppen den Hradschin. Nach der Krönung Karls VII. (19. December 1741) in Prag verließen dieselben Böhmen und rückten an der Seite der Preußen durch Mähren bis gegen Wien.

Der Separatfrieden von Breslau (11. Juni 1742) mit Preußen nöthigte auch Sachsen von der Coalition gegen Maria Theresia zurückzutreten und Frieden zu machen.

Im Jahre 1742 sah der vierjährige Prinz nacheinander Karl VII. und Friedrich II. auf ihrer Durchreise durch Dresden sowie die Rückkehr eines Theiles der sächsischen Truppen. Zwei Jahre später passirte die Erzherzogin Maria Anna, die jüngere Schwester Maria Theresiens, welche an den Prinzen Karl von Lothringen vermält war, Dresden auf ihrer Reise nach den Niederlanden, über das ihrem Gemal die Generalstatthalterschaft übertragen worden war. —

Im zweiten schlesischen Kriege hatte sich Sachsen an Oesterreich angeschlossen. August II. (III.) verließ (1745), als die Preußen durch die Lausitz in Sachsen einrückten, Dresden und begab sich nach Prag. Die drei älteren Brüder Albrechts wurden nach Nürnberg geschickt; er selbst mit seinem jüngeren Bruder Clemens und drei Schwestern blieben in Dresden zurück. Albrecht stand damals im 7. Lebensjahre, Clemens im 6. Kurz nach seinem Einzuge in Dresden besuchte Friedrich die Prinzen im kurfürstlichen Schloß und ließ ihnen alle königlichen Prinzen zukommenden militärischen Ehren erweisen. Friedrich bewohnte während seines Aufenthaltes in Dresden das Palais Lubomirski, wo ihm die Prinzen den Gegenbesuch machten. Der König erwies ihnen die ganze Zeit hindurch allerlei Aufmerksamkeiten. Sie wurden zu den Concerten im Palais geladen und wohnten der damals beliebten Oper »Arminius« im königlichen Theater bei.*) Auch hatten sie sich wiederholt der Besuche der bei der Armee anwesenden Prinzen und der Generale zu erfreuen.

Bald nach dem Abschluß des Friedens von Dresden (25. December 1745) verließ Friedrich Sachsen. Vor seiner Abreise verabschiedete er sich noch in herzlicher Weise von den Prinzen.

August II. (III.) kehrte kurz darauf mit den übrigen Mitgliedern der königlichen Familie nach

---

*) Zu den Costümen für dieselbe hatte der Maler Franz Ponte die Zeichnungen entworfen. Die Originale in der erzherzoglichen Sammlung »Albertina«.

Dresden zurück, das er bis zum Jahre 1756 nur von Zeit zu Zeit verließ, um den alle drei Jahre in Warschau und alle neun Jahre in Grodno in Lithauen stattfindenden Landtagen beizuwohnen.

Der sächsische Hof bewahrte zu dieser Zeit in vieler Hinsicht nach Außen hin noch immer den Glanz vergangener Tage. Namentlich waren es die herrliche Gemäldesammlung, das Japanische Palais, welches mit unschätzbaren Exemplaren prächtigen altchinesischen Porzellans gefüllt war, das gegenwärtig eine Zierde des keramischen Museums bildet, die zahlreichen Paläste und die reizenden Parkanlagen, welche Dresdens Ruf weithin verbreiteten und Fremde herbeizogen. Besonders zahlreich fand sich der polnische Adel ein. Eine italienische Oper sorgte für den musikalischen Kunstgenuß. Die Zeit des Carnevals war besonders belebt. Es wurden Maskenbälle nach italienischer Art gegeben. Zur Jagdzeit verweilte der Hof und die vornehme Gesellschaft auf dem Schlosse zu Hubertsburg, um sich den Vergnügungen und Zerstreuungen des edlen Waidwerks hinzugeben. Vor Allem aber trug der Glanz und die Pracht, welche Graf Brühl, erster Minister des Königs, entfaltete, dazu bei, Dresdens Ruf zu verbreiten. Auch seine Gemalin, eine geborne Gräfin Kollowrat, besaß eine ausgesprochene Neigung zum Luxus. Brühl hatte sich so vollständig die Gunst des Königs zu erwerben gewußt, daß er bei der Entfaltung seiner verschwenderischen Neigungen nirgends einem Hinder=

nisse begegnete. Als Premier-Minister war ihm die oberste Leitung der Staatsgeschäfte übertragen. Alle äußern und innern, selbst die Finanzangelegenheiten gingen durch seine Hand. Der König hatte ihn außerdem zum General der Infanterie und Inhaber eines Infanterie= und Cavallerie=Regimentes er= nannt. Um den Glanz seines Namens zu erhöhen, ließ er den heraldischen Nachweis führen, aus einer alten polnischen Familie abzustammen. Auf Grund dieses Nachweises wurden ihm ansehnliche Güter in Polen zugewiesen und die Würde eines Generals der Artillerie verliehen, die er auf seinen ältesten Sohn übertragen ließ. Sein Haushalt glich in Bezug auf Reichthum und Pracht dem eines Fürsten. Wenn er ausfuhr oder ausritt, war er stets von Adjutanten, polnischen Edelleuten, Pagen und einer Schaar berittener Diener begleitet. Er hielt eine eigene Musikcapelle, besaß eine prächtige Gemälde= gallerie, eine reiche Büchersammlung in Pracht= bänden, von der er jedoch niemals Gebrauch machte, ein Naturalien=Cabinet, das er nie betrat. Er war stets mit Diamanten überladen, desgleichen seine Frau und seine Maitressen. Niemals trug er einen und denselben Anzug zweimal und wechselte mehrmals des Tages die Wäsche. Seine Hemden waren mit neuen Spitzen besetzt, mochten die alten noch so kostbar gewesen sein. Seine Garderobe war ein Gegenstand der Bewun= derung für die Fremden. Es fanden sich in derselben mehrere Schränke voll neuer Stiefel und Schuhe. Andere waren mit Dutzenden von neuen

Anzügen aus den schwersten Lyoner Seidenstoffen gefüllt.*)

Dennoch war der Hof Augusts III. an äußerem Glanze nicht mit dem seines Vaters Augusts II. zu vergleichen. Nur bei besonderen Gelegenheiten kam die alte Pracht wieder zum Vorschein. So im Jahre 1747 aus Anlaß der Vermälung Maria Josephens, der dritten Tochter des Königs, mit Ludwig, dem verwitweten französischen Dauphin. Ludwig XV. hatte durch einen außerordentlichen Gesandten, den Herzog von Richelieu, um die Hand der Prinzessin anhalten lassen. Die Vermälung fand durch Procuration statt, worauf die Prinzessin noch mitten im Winter die Reise nach Frankreich antrat.**)

Einen zweiten Anlaß zur Entfaltung königlichen Prunks bot wenige Monate darauf die Doppelhochzeit des Kurprinzen, ältesten Bruders des Herzogs Albrecht, mit der Prinzessin Antoinette von Bayern und dessen zweiter Schwester Maria Anna mit dem Kurfürsten von Bayern, Antoinettens Bruder. Der Kurprinz hielt mit seiner Gemalin einen feierlichen Einzug in Dresden. Nach der kirchlichen Einsegnung war festlicher Ball im königlichen

*) Herzog Albrecht, Mémoires de ma vie etc. C. A. Archiv.
**) Sie wurde Mutter dreier Könige: Ludwigs XVI., des XVIII. und Karls X. und zweier Töchter, Marie Adelheid, vermält mit Karl Emanuel IV., König von Sardinien, und der edlen Elisabeth, Madame von Frankreich, 1794 eines der letzten Opfer der französischen Revolution. (10. Mai 1794 guillotinirt.)

Schloſſe; die Stadt war illuminirt. Nach dem Hochzeitsſouper wurde der Fackeltanz aufgeführt, bei dem die Neuvermälten unter den feierlichen Klängen der Polonaiſe — während die Cavaliere des Hofes mit Fackeln in der Hand paarweiſe vorangingen und die Damen ihnen nachfolgten — mehrmals durch den Saal ſchritten.

Am folgenden Tage veranſtalteten die Cavaliere im »Zwinger« ein Carouſſel und einen Maskenball. In der offenen königlichen Reitſchule gab es ein Ringelſtechen. Alle daran theilnehmenden Cavaliere waren maskirt. Im Garten von Pilnitz wurde eine italieniſche Oper aufgeführt und im Schloßhofe ein großartiges Feuerwerk abgebrannt. Es folgte ein Souper und Ball, bei dem der König und die Königin als Wirth und Wirthin erſchienen waren und die Gäſte empfingen. Zum Schluß der Feſtlichkeiten fand noch ein Carouſſel von Damen und Herren im großen Schloßgarten ſtatt.

Ueber dieſe Feſtlichkeiten berichtet der ſächſiſche Chroniſt in etwas ſchwülſtigem Stile: »Nichts übertraf den verſchwenderiſchen Schimmer und königlichen Pomp des Jahres 1747, wo eine dreifache Vermälung (die franzöſiſche und die doppelte bahriſche) das glückliche Dresden gleichſam auf den höchſten Gipfel irdiſcher Freude entzückte. Die Feſte dauerten drei Monate hintereinander und wechſelten Oper, Tänze, Wirthſchaften, Carouſſels, Maskeraden ꝛc., kurz Alles, was nur jemals die geſchäftigſte Einbildungskraft Schönes und Glänzendes erdenken kann, das ſah man hier realiſirt. Das

Nachtringrennen auf der Stallbahn hatte seine
eigenen Gesetze. Ein Ringrennen im Zwinger fand
am 16. Juni statt; Prinz Karl und Xavier führten
die Quadrillen; eine Wirthschaft bei Hof aus
sieben Banden. Man sah über dem Schloßthore
auf einem ausgehängten Schild Folgendes:

>Der Wirth, der so viel Gäste speist und tränkt
Und manchen eine Zeche schenkt,
Richt seinen Kindern Hochzeit aus,
Und gibt deswegen diesen Schmauß.
Drum zieht frey ein ihr lustig Bauern
Und laßt dahinter jedes Trauern,
Trinkt oft mit Jauchzen und mit Scherzen,
Es leben die verbundenen Herzen!«

»Ein Damenringrennen im großen Garten und
vier Quadrillen am 27. Juni, eine Illumination
der Stadt am 21. und 22. Juni.

An diesem Tage feierten ein Paar alte Land=
leute ihr Ehejubiläum und übergaben an das
königliche Haus, was Straße für Straße durchging,
ein Carmen im Bauerndialect, was sehr artig ist
und gnädig aufgenommen ward.«*)

Die Vermälung des Kurprinzen führte zu ver=
schiedenen Veränderungen in der kurfürstlichen
Familie. Vordem hatten die Prinzen gemeinschaft=
lich in dem an das kurfürstliche Schloß grenzenden
Palais am Taschenberg gewohnt; nun wurden sie

---

*) Joh. Christ. Hasche. Umständliche Beschreibung
Dresdens mit allen seinen äußeren und inneren Merk=
würdigkeiten. Leipzig 1751.

in dem am Pirnaer Thor gelegenen Palais, das ehedem dem Marschall Flemming gehörte, unter= gebracht. Die vier jüngeren, Xaver (geboren 25. August 1730), Karl (geboren 13. Juli 1733), Albrecht (geboren 11. Juni 1738) und Clemens Wenzel (geboren 28. September 1739) erhielten einen eigenen Haushalt. Bei ihrem großen Alters= unterschiede konnten sie nicht einem Erzieher über= geben werden. Dem Prinzen Xaver wurde der Commandant Torell als Obersthofmeister und Er= zieher zugetheilt, dem Prinzen Karl der General= Lieutenant Graf Bellegarde, dem Herzog Albrecht und seinem Bruder Clemens der junge Baron von Wessenberg, dessen Vater schon die Oberleitung der Erziehung des Prinzen übertragen worden war. Die Wessenberg stammen aus dem Aargau in der Schweiz. Zwei Wessenberg, Ulrich und Gotthard, fielen in der Schlacht bei Sempach 1386 an der Seite des Herzogs Leopold von Oesterreich. Der junge Wessenberg war ein Mann von religiösen Grundsätzen und einem ehrenhaften Charakter. Sein galliges Temperament riß ihn jedoch oft zu Ungebührlichkeiten hin. Italien war sein Lieblings= land und Rom ging ihm über Alles. Er hatte dort im Gefolge des Kurprinzen eine Zeitlang zu= gebracht. Wessenberg war bei den Jesuiten am Hofe des Erzbischofs von Augsburg erzogen worden. Sein ganzes Wesen war pedantisch. Seine Devotion ging bis zur Bigotterie, und die Gesellschaft der Jesuiten, die als Beichtväter und Kapläne am könig= lichen Hofe fungirten, zog er jeder andern vor.

Die älteren Prinzen Xaver und Karl wurden hie und da zur königlichen Tafel gezogen und konnten an der Gesellschaft des Hofes theilnehmen. Sonst speisten sie gemeinsam mit den jüngeren Brüdern. Zu der Prinzentafel wurden fast täglich Cavaliere des Landes und Herren der accreditirten Gesandtschaften geladen.

Später fand eine Trennung der Prinzen statt. Die beiden jüngsten waren seitdem einzig auf die Gesellschaft ihres düsteren Pädagogen angewiesen; nur zur Zeit des Carneval wurden ihnen größere Zerstreuungen und die Theilnahme an den Hofbällen gestattet. Der König ließ die beiden Prinzen jeden Sonntag zu sich bescheiden, sonst sahen sie ihn nicht. Zur Königin wurden sie nur an den Spielabenden in den großen Appartements vorgelassen und zuweilen auch an denen, welche in ihren Privat Appartements stattfanden.

Es muß zum Lobe Wessenbergs gesagt werden, daß er sich die physische Erziehung seiner Zöglinge ernstlich angelegen sein ließ. Er suchte ihren Körper, durch Bewegung in freier Luft bei jeder Jahreszeit und Witterung, sowie durch Leibesübungen zu kräftigen und abzuhärten. Im Uebrigen mußten die Prinzen einen guten Theil des Tages dem Gebete, der Lectüre von Heiligen-Legenden und geistlichen Betrachtungen widmen. Für den Geschichtsunterricht gab ihnen Wessenberg den Abriß der Geschichte des Abbé Rollin in die Hände, den sie wörtlich auswendig lernen und recitiren mußten, ohne daß er eine erklärende Bemerkung beifügte.

In derselben Weise wurde der Unterricht in der Geographie betrieben, an der beide großen Gefallen fanden.

Diese trockene Lehrmethode war nicht geeignet, den Geist zu bilden und das Gemüth zu erheben. Es war daher ein Glück, daß der Beichtvater des Prinzen, der sie in der Religion und im Latein unterrichtete, Einsicht genug besaß, um die Methode Wessenbergs als unzweckmäßig zu erkennen, und den Schaden, so viel er konnte, dadurch gut zu machen suchte, daß er ihnen Geschmack an histori= scher Lectüre beizubringen bestrebt war, um so die durch den mangelhaften Unterricht entstandenen Lücken auszufüllen. Das hatte jedoch zur Folge, daß das Studium der lateinischen Sprache ver= nachlässigt wurde und Herzog Albrecht nicht über die Syntax hinauskam. Der Mangel eines gründ= lichen und ausgebreiteten Unterrichtes im Lateini= schen machte sich beim Herzog besonders fühlbar, als er von der Kaiserin Maria Theresia (1766) zum Locumtenens von Ungarn ernannt wurde, wo man sich auf dem Landtage und bei der Septem= viraltafel der lateinischen Sprache bediente.

Neben den Genannten sorgten noch mehrere Lehrer für die geistige Ausbildung der Prinzen. In der Mathematik erhielt Herzog Albrecht Unter= richt von einem Professor aus Halle, der zur Zeit des berühmten Wolff daselbst gelehrt hatte. Der= selbe trug ihm auch Taktik und Kriegsgeschichte vor. Seinem Zeichenlehrer verdankt er den Ge= schmack an guten Büchern, da er dem Prinzen, während er nach Modellen zeichnete, stets etwas Belehrendes und Interessantes vorlas. Weniger vortheilhaft wirkte der Schreiblehrer, der nach damaligem Brauche auch Stilistik lehrte. Zwar brachte es derselbe dahin, daß sich der Prinz innerhalb 12 Jahren eine hübsche Handschrift aneignete, aber weder er noch Wessenberg sahen darauf, daß er einen Brief abfassen lernte. Größere Verdienste um die Ausbildung des Herzogs hat sein Lehrer der polnischen Sprache, der ihm nebenbei vortreff= liche sittliche Grundsätze beibrachte. Prinz Albrecht lernte das Polnische leicht, wie er denn überhaupt für Sprachen eine große Begabung besaß. Fran= zösisch und Italienisch erlernte er ohne Hilfe eines besonderen Meisters durch die bloße Conversation mit dieser Sprache kundigen Personen seiner Um= gebung. Im Italienischen war vorzugsweise das Theater sein Lehrmeister.

Für körperliche Uebungen jeder Art zeigte Prinz Albrecht große Vorliebe und erwarb sich hierbei die besondere Zufriedenheit seiner Lehrer. An Geschicklichkeit und Gelenkigkeit that er es Allen zuvor. In den Gegenständen, wo rasche Auffassung erforderlich war, übertraf er seinen Bruder Clemens; wo es aber galt durch Fleiß und Ausdauer vor= wärts zu kommen, war ihm dieser überlegen. Von frühester Jugend wohnte dem Prinzen das Streben nach Auszeichnung und der Sinn für Ehre inne. Er konnte sich für alle großen, kühnen und edlen Thaten, denen er bei der Lectüre der Geschichte be= gegnete, wahrhaft begeistern. Diese Begeisterung für

das Große war selbst die pedantische und schwung=
lose Art der Erziehung nicht zu unterdrücken im
Stande. Im Gespräche mit seinem Bruder malte er
sich die Zukunft aus. Er redete von glänzenden
Thaten, die sie ausführen, und von der Rolle, die
sie in der Welt spielen wollten.

Die Schlußsteinlegung zur prächtigen katho=
lischen Hofkirche*) und deren feierliche Einweihung
(29. Juni 1751) in Anwesenheit des ganzen Hofes
unterbrach für einige Stunden das einförmige
Leben der Prinzen Albrecht und Clemens. Sie er=
freuten sich an dem Anblick der königlichen Garden
zu Fuß und zu Pferde, die auf dem Platze zwischen
dem Schlosse und der Elbebrücke aufgestellt waren.
Und zwei Jahre später (1753) war es ihnen ge=
stattet, den Manövern der sächsischen Truppen bei
Nebigan beizuwohnen, welche durch die Anwesen=
heit des Marschalls Fürst Josef Wenzel Liechten=
stein mit zwei Neffen, den Generalen Luchesi und
Puebla, des Obersten Grafen Lacy und anderer
österreichischer Officiere sich besonders glänzend ge=
stalteten. Die Geburt des Prinzen Anton (27. De=
cember 1755), ältesten Sohnes des Kurprinzen,
war die Veranlassung zum Besuche des Marschalls

---

*) Der Bau der Kirche (aus Pirnaer Sandstein),
wurde im Jahre 1739 nach den Plänen des königlichen
Hofbaumeisters Gaetano Chiaveri begonnen und 1756 voll=
endet. Die Statuen sind ein Werk Martielli's nach Zeich=
nungen von Torelli. Die Fresken stammen von Balco und
Torelli. Das Bild über dem Hochaltar, die Himmelfahrt
Christi darstellend, ist von Raph. Mengs gemalt.

von Sachsen, des Marschalls Löwendal, des Mark grafen von Bayreuth, seiner Tochter und der Herzogin von Württemberg am sächsischen Hofe und zu mannigfachen Festlichkeiten, an denen die Prinzen theilnahmen.

Sachsen lebte seit dem Frieden von Dresden (25. December 1745) in ungestörter Ruhe, deren sich der größte Theil der übrigen Staaten Europas erst nach dem Jahre 1748 (Achner Frieden) erfreuen konnte.

Das Jahr 1756 bezeichnet einen Wendepunkt in den Geschicken Europas. Dem Fürsten Kaunitz war es gelungen ein Bündniß mit Frankreich zu Stande zu bringen, wodurch das bisherige System der Allianzen einer neuen Gruppirung der Staaten Platz machte. Dem österreichisch-französischen Bunde schloß sich Rußland und Sachsen an, während Preußen in England einen Bundesgenossen fand, welches sich mit Frankreich wegen seiner nordamerikanischen Besitzungen entzweit hatte. Von den deutschen Fürsten traten die Landgrafen von Hessen, die Herzoge von Braunschweig und Sachsen-Gotha, sowie der Markgraf von Bayreuth auf die Seite Friedrichs II.

Der Wachsamkeit des preußischen Königs waren die geheimen gegen ihn gerichteten Vorgänge nicht entgangen. Durch den sächsischen Kanzlisten Müller war er in den Besitz der zwischen den Cabineten von Wien und Dresden geführten Correspondenz gekommen. Kaum hatte er durch diese von dem Abschlusse der Allianz seiner Gegner Kenntniß er=

halten, als er zwei Armeen aufstellte, die eine unter seinem Commando in Brandenburg, die andere unter dem Marschall Schwerin in Schlesien. Außerdem ließ er unter General Lehwald in Pommern ein Corps concentriren, um die Bewegungen der Russen zu beobachten. Nur durch Raschheit der Operationen konnte Friedrich hoffen, sich gegen die überlegenen Streitkräfte seiner Gegner zu behaupten. Um diesen zuvorzukommen, rückte er Ende August (1756) in Sachsen ein. Der Kurfürst bezog mit seinen Truppen ein befestigtes Lager bei Pirna. Dort befanden sich auch die Brüder Herzog Albrechts, Xaver und Karl. Albrecht stand im 18. Lebensjahre und brannte vor Begierde, sich an den bevorstehenden Kämpfen zu betheiligen. Allein an Wessenberg scheiterte sein Wunsch, der die Prinzen Albrecht und Clemens noch nicht aus der strengen Abgeschlossenheit entlassen wollte. So war ihnen das Los beschieden mit der Kurfürstin-Königin und den übrigen Mitgliedern der königlichen Familie in Dresden zu bleiben.

Am 9. September morgens rückten die Preußen in die sächsische Hauptstadt ein. Ihre Garden bezogen die Quartiere der Schweizer im kurfürstlichen Schlosse. Sofort nach dem Einmarsche erschien auf Befehl des Königs ein Gardeofficier beim Schloßcommandanten und verlangte die Schlüssel zum geheimen Cabinet. Als man der Königin dieses Begehren meldete, eilte sie selbst herbei, stellte sich vor die Cabinetsthür und verweigerte den Einlaß. Erst auf die Erklärung des

Gardeofficiers, daß er vom König die gemessensten Befehle erhalten habe, denen er unbedingt nachkommen müsse, zog sie sich der Gewalt weichend zurück. Das Cabinet wurde geöffnet und aus dem Archive die bereits erwähnten Original-Correspondenzen genommen, die der König zur Vervollständigung seiner Schrift benützte, in der er den Einfall in Sachsen und die Kriegserklärung gegen die Kaiserin-Königin vor Europa zu rechtfertigen suchte.

Im Verlaufe des Jahres 1756 war Herzog Albrecht Zeuge der Capitulation des größten Theils der sächsischen Armee bei Pirna (15. October). Die Unterofficiere und Soldaten wurden als Kriegsgefangene abgeführt, Generale und Officiere auf Ehrenwort entlassen. August III. hatte sich vor dieser Katastrophe mit seinen älteren Söhnen und dem Grafen Brühl in die Festung Königstein zurückgezogen, von wo er sich nach der Capitulation seiner Armee nach Polen begab, nachdem er sich von seinen Söhnen auf dem Schlosse Königsbrück verabschiedet hatte.

Der König von Preußen schlug sein Winterquartier in Dresden auf (14. November). Er bezog diesmal das Palais des Grafen Brühl. Die preußische Garnison bestand aus vier Garde-Bataillonen und mehreren Regimentern Infanterie und Cavallerie. Friedrich pflegte das eine oder andere Garde-Bataillon selbst einzuexerciren. Bei der großen Kälte, die damals herrschte, nahm er die Uebungen mit einem Bataillon in der großen

Bildergallerie des Grafen Brühl vor. Eines Tages bemerkte er einen Gardisten, der durch den Anblick der Gemälde zerstreut das Commando überhört hatte, und rief zornig einem Corporal zu: »Merkt's mir den Burschen!« Kurz darauf passirte es dem König, daß er, wahrscheinlich gleichfalls durch die Gemälde zerstreut, ein Commandowort un= richtig gebrauchte. Da wendete sich der eben ge= rügte Gardist gegen den Corporal und rief: »Merkt's mir den Fritzen!« Auch bei anderen Ge= legenheiten konnte man bei den Gardetruppen eine große Familiarität gegenüber dem König bemerken. Es kam wiederholt vor, daß preußische Gardisten bei den Prinzen eintraten und ganz offen über die Einrichtungen bei den Regimentern sprachen, ja einige frei ihre Absicht kundgaben, bei der ersten Gelegenheit zu desertiren.*)

Im Jahre 1745 hatte der König, wie oben erwähnt wurde, die Prinzen besucht und sie auch zu sich geladen. Diesmal fand weder das Eine noch das Andere statt. Dasselbe Verhalten beobachtete er gegenüber der Kurfürstin=Königin. Herzog Al= brecht erlebte diesmal das traurige Schauspiel, ge= fangene sächsische Officiere und Soldaten unter seinen Fenstern vorbeiziehen zu sehen. Friedrich hatte die sächsischen Regimenter bis auf die Garde Grenadiere bestehen lassen; sie wurden jedoch in preußische Uniformen gesteckt und preußischen Offi= cieren unterstellt. Einige Officiere der sächsischen

---

*) Mémoires de ma vie etc.

Armee, hauptsächlich preußische Unterthanen, waren in den Dienst des Königs getreten. Als aber ein Chevauxlégers=Regiment und 3 Bataillone Infanterie theils nach Böhmen theils nach Polen desertirten, vertheilte er die Uebrigen unter seine Regimenter. Indessen erwies sich auch dieses Mittel nicht als zureichend, denn im Verlaufe des Winters gelang es dem größten Theile zu entkommen.

Am 24. März 1757 verließ Friedrich an der Spitze des ersten Garde=Bataillons Dresden. »Das Aussehen der feindlichen Bataillone war vortrefflich« bemerkt Herzog Albrecht.*) In der Suite des Königs befanden sich die königlich preußischen Prinzen, die von Braunschweig und Württemberg, der Fürstbischof von Breslau und der Abbé Prades, Vorleser des Königs.

Während des Winters hatte Friedrich alle Vorkehrungen getroffen, um für den nächsten Feldzug gerüstet zu sein. Dresden und mehrere Punkte in dessen Umgebung wurden befestigt. Gegen Ende des Monats März stand die preußische Armee kriegsbereit da. Ein Corps unter dem Fürsten Moriz von Dessau befand sich in der Umgebung von Zwickau, ein zweites, das Gros der Armee bildend, unter dem König selbst, war zwischen Dresden, Pirna, Gießhübel und Dippoldiswalde postirt; ein drittes unter dem Prinzen von Bevern hatte sich in der Umgebung von Zittau versammelt, während das 4. Corps unter dem Marschall

---

*) Mémoires de ma vie etc.

Schwerin an die Grenzen von Böhmen zwischen Glatz, Friedland und Landshut gerückt war.*)

Inzwischen trat ein Ereigniß ein, welches für die sächsische Königsfamilie von ernsten Folgen begleitet war. Der König von Preußen hatte eine geheime Correspondenz entdeckt, durch welche die Oesterreicher von den Dispositionen in der preußischen Armee benachrichtigt wurden. Unter den dabei compromittirten Personen befand sich die Obersthofmeisterin der Königin, Gräfin Ogilvy,**) welche in der Nähe von Leitmeritz in Böhmen begütert war. Auf Befehl Friedrichs mußte sie sofort Sachsen verlassen. Die Mitglieder des sächsischen Hofes wurden seitdem auf das schärfste bewacht; die Schweizergarde des kurfürstlichen Schlosses wurde entwaffnet und der Königin bedeutet, sich zu ihrem Gemahl nach Warschau zu begeben. Sie erklärte jedoch, sie habe vom König die Weisung erhalten in Dresden zu bleiben und

*) Frédéric le Grand, Oeuvres Tom. IV. Chap. VI.

**) Esther Anna war eine geborene Gräfin von Wels und mit dem Grafen Hermann Karl von Ogilvy, einem Sohne Georg Benedicts, vermält. Nach dessen Tode trat sie als Obersthofmeisterin in die Dienste der Königin Maria Josepha, Tochter Kaiser Josefs I. Die Familie Ogilvy entstammt einem alten schottischen Adelsgeschlecht, aus dem sich Georg von Ogilvy im 30jährigen Kriege in Deutschland niederließ. Sein Sohn Benedict erwarb Güter in Böhmen und wurde in den Reichsgrafenstand erhoben. Wurzbach, Biograph. Lex., Bd. 21 und Kneschke, Deutsches Adelslexicon, Bd. VI.

werde derselben so lange nachkommen, als nicht ein Gegenbefehl eintreffe.

Man bestand zwar nun nicht weiter auf ihrer Abreise, beobachtete sie aber auf Schritt und Tritt. Sogar auf ihren Spaziergängen auf den Wällen des Zwingers wurde sie bewacht.

Die beiden älteren Brüder des Prinzen Albrecht waren in die österreichische Armee eingetreten, und es war der sehnlichste Wunsch Albrechts und seines Bruders Clemens, ihnen nachzufolgen. Allein ihr königlicher Vater hielt die Zeit hiefür noch nicht gekommen. Er verfügte überdies, daß sie von nun an ihre Wohnung im kurfürstlichen Schlosse in der Nähe ihrer Schwestern, der Hof-Damen und Fräulein nähmen. Prinz Albrecht stand im 19. Lebensjahre, strotzend von Gesundheit und erfüllt von jugendlichem Muth. Er sehnte sich nach kriegerischen Thaten; anstatt dessen sah er sich zu einem Leben mitten unter Frauen verurtheilt, von denen einige durch ihre Schönheit nicht verfehlen konnten, auf sein empfindliches Herz Eindruck zu machen. Hätten die Grundsätze der Moral und Religion nicht tief in seinem Herzen Wurzel geschlagen, so würde er der Gefahr, die ihn umgab, wohl kaum entgangen sein. Das Beispiel seiner älteren Brüder wäre eher ein Sporn zu eleganten Abenteuern als zu edler Enthaltung gewesen.

Die königliche Familie war während der preußischen Occupation auf eine harte Probe gestellt, ihr Los kein beneidenswerthes. Der König von Preußen hatte alle öffentlichen Cassen und die

Einkünfte des Landes mit Beschlag belegen lassen, wodurch sie wiederholt in Geldverlegenheiten gerieth. Was ihr von Seite des Königs aus Polen und von der Kaiserin Maria Theresia zukam, reichte nicht hin, ihre Bedürfnisse zu decken. Man mußte sich vielfach einschränken. Auch Herzog Albrecht hatte mit Entbehrungen zu kämpfen und konnte sich zur Noth während dieses Jahres einen Anzug anschaffen. Sein Monatsgeld betrug 30 Thaler in schlechter Münze, die er größtentheils zum Ankauf militärwissenschaftlicher Bücher verwendete.

Friedrich II. hatte inzwischen die Schlacht bei Prag gewonnen (6. Mai 1757), aber in derselben den tapfern Marschall Schwerin verloren. Vor der Schlacht soll derselbe den König gefragt haben, wohin er im Falle eines Mißerfolges den Rückzug nehmen solle, und dieser darauf in brüsker Weise geantwortet haben: »Nach Spandau«.*)

Dem Siege bei Prag folgte jedoch bald eine Niederlage. Der österreichische General Daun war mit 54.000 Mann zum Entsatze der Hauptstadt Böhmens herbeigeeilt. Friedrich zog ihm entgegen; es kam bei Kolin am 18. Juni zur Schlacht, die für ihn so unglücklich endete, daß er gezwungen war, Böhmen zu räumen.

Die Feinde stürmten nun von allen Seiten auf ihn ein. Ein französisches Heer unter d'Estrées besiegte am 26. Juli bei Hastenbeck den verbündeten Herzog von Cumberland, dessen Armee sich auflöste. Die

---

*) Mémoires de ma vie etc.

Russen unter Apraxin schlugen ein preußisches Heer unter Feldmarschall Lehwald bei Großjägerndorf (30. August), während die Oesterreicher in Ober= schlesien und die Lausitz einbrangen und sich durch einen Sieg bei Moys (7. September) den Weg nach Berlin bahnten, das eine Zeitlang von dem öster= reichischen General Hadik besetzt gehalten wurde. Als überdies die Nachricht von dem Herannahen der Franzosen und einer Reichsarmee unter dem Prinzen von Sachsen-Hildburghausen gegen Thüringen ein= lief, schien die Vernichtung Friedrichs gewiß. In diesem kritischen Momente zog Friedrich den Fran= zosen, die bis Weißenfels vorgedrungen waren, ent= gegen. Er nahm den Weg durch Dresden und wendete sich hierauf gegen Erfurt. Bei Roßbach stieß er am 5. November mit den Franzosen unter dem Prinzen von Soubise zusammen und erfocht, namentlich durch die kühne Cavallerie=Attaque des General Seydlitz, einen glänzenden Sieg, der in Dresden, wo der General Finck commandirte, durch eine Kirchenparade und ein Tedeum gefeiert wurde. Die Mutter Albrechts, Königin Maria Josepha, lag während dieser Zeit krank darnieder, und diese Vorgänge trugen dazu bei, ihren Zustand zu verschlimmern. Am Abend des 16. November hatte sie noch einen Brief an die Kaiserin Maria Theresia begonnen und sich dann zur Ruhe be= geben, die für sie zur ewigen werden sollte. Denn des Morgens fand man sie todt in ihrem Bette. Ein Schlaganfall hatte ihrem Leben ein Ende be= reitet.

Der plötzliche Tod der Königin machte auf das Gemüth des Herzogs Albrecht einen umso tieferen Eindruck, als in der letzten Zeit, namentlich seit dem Beginn des Krieges, sein Verkehr mit der königlichen Mutter häufiger und inniger geworden war. Albrecht und sein Bruder Clemens wurden täglich zu ihrer Tafel gezogen und hatten sich vielfacher Beweise mütterlicher Zärtlichkeit und Fürsorge zu erfreuen.

Das Ableben der Königin führte in der bisherigen Erziehungsweise der Prinzen eine Veränderung herbei, die nicht ohne Vortheil für dieselben war. Das kurprinzliche Paar hatte wiederholt die Bemerkung gemacht, daß die bisherige Methode nicht geeignet sei, die Prinzen jener Vollendung in der Ausbildung entgegenzuführen, deren sie in ihrer späteren Stellung bedurften. Von nun an sollte ihnen mehr Gelegenheit gegeben werden, mit Personen von Lebenserfahrung und Bildung zu verkehren und so ihren Geist für die Zukunft zu formen.

Die Zeit der Bedrängniß trug dazu bei, die Familienmitglieder enger aneinander zu schließen. Im innigeren Verkehr fanden sie Trost und Stärkung gegen die Leiden der Zeit. Man speiste gemeinsam und den Prinzen wurde gestattet, in einem auserlesenen Kreise von Herren und Damen die Abende zuzubringen. Die Kurprinzessin*) war eine Frau

---

*) Maria Antonia, Tochter Kaiser Karls VII. geb. 18. Juli 1724, † 23. April 1780.

von Geist und hervorragender Bildung. Für Musik besaß sie ein besonderes Talent und bethätigte ein großes Interesse für Literatur und Kunst. Mit Vorliebe beschäftigte sie sich mit Malerei, in welcher sie mehr als Dilettantin war. Vor Allem verdient jedoch ihr gesellschaftliches Talent hervorgehoben zu werden. Mit seltener Leichtigkeit verkehrte sie mit Hoch und Niedrig. Sie verstand es, mit hervorragenden Gelehrten ein Gespräch zu unterhalten und sich in den Ideenkreis des einfachsten Menschen herabzulassen. Ihr übersprudelnder Geist riß sie indes oft zu Bemerkungen hin, die sie, namentlich nach dem Tode ihres Gemals, in den übrigens unbegründeten Ruf der Frivolität brachten.*) Die Kurprinzessin besaß eine auserlesene Privatbibliothek, deren Benützung sie dem Herzog Albrecht gestattete. Sie war es auch), welche durch Wahl der Lectüre ihm Geschmack an der schönen Literatur beibrachte und so ge= wissermaßen den Grund legte zu seiner spätern Liebe zur Kunst.

Indessen tobte der Krieg zwischen Preußen und Oesterreich sowie deren Alliirten fort. Nach der Schlacht bei Roßbach wendete sich Friedrich nach Schlesien, wo Prinz Karl von Lothringen den Herzog von Bevern bei Breslau (22. November) besiegt und die Stadt selbst genommen hatte, während es dem General Nadasdy gelungen war Schweidnitz zu erstürmen (12. November). Friedrich war auf diese Unfälle nach Schlesien geeilt und

*) Mémoires de ma vie etc.

hatte die Reste der Armee unter Ziethen an sich gezogen. Am 5. December griff er die Oesterreicher unter dem Prinzen Karl bei Leuthen an und erfocht namentlich durch seinen Vorstoß auf den linken Flügel einen vollständigen Sieg, wodurch Schlesien bis auf Schweidnitz, das erst im nächsten Jahre (18. April) capitulirte, wieder in seine Gewalt kam.

An der Schlacht bei Leuthen hatte auch eine Abtheilung der sächsischen Armee theilgenommen. Sächsische Cavallerie unter General Nostitz befand sich unter der Avantgarde. Sie wurde bei Neumark angegriffen, geworfen, General Nostitz verwundet und gefangen genommen. Die Oesterreicher waren ge= nöthigt sich unter großen Verlusten nach Böhmen zurückzuziehen und auch Sachsen zu räumen. Gleich= zeitig hatten die Russen Ostpreußen, die Schweden Pommern und die Franzosen Thüringen verlassen. Nur die westphälisch=preußischen Provinzen blieben noch vom Feinde besetzt.

Die älteren Brüder Albrechts, die Prinzen Xaver und Karl hatten, wie bereits erwähnt wurde, die letzten Kämpfe in der österreichischen Armee mitgemacht. Nach der Schlacht bei Leuthen über= nahm Prinz Xaver unter dem Titel eines Grafen von der Lausitz das Commando einer in französi= schem Solde stehenden sächsischen Truppenabtheilung, während Prinz Karl sich nach Petersburg begeben hatte und mit der russischen Armee in Preußen eingerückt war.

Als Friedrich die Nachricht erhielt, daß die Russen Königsberg besetzt (22. Jänner 1758) und die preußischen Behörden gezwungen hätten, der russischen Kaiserin den Eid der Treue zu schwören, entschädigte er sich für den Verlust von Ostpreußen durch die Besitznahme von Sachsen, indem er sich von den Ständen huldigen ließ. Den neuen Feldzug gedachte der König mit einem Einfall in Mähren zu beginnen. Am 3. Mai erschien er mit der Armee vor Olmütz und begann die Belagerung der Festung. Feldmarschall Daun zwang ihn jedoch dieselbe aufzuheben, indem es gelungen war, die Proviantwagen zu überfallen und die escortirenden Truppen unter General Ziethen zum Rückzuge nach Troppau zu zwingen. Friedrich zog sich mit dem Heere nach Königgrätz zurück, wo er am 14. Juli eintraf, und bezog hierauf ein befestigtes Lager bei Landshut in Schlesien, wo er Daun's Bewegungen abwarten wollte. Die Nachricht von dem Vorrücken der Russen unter General Fermor bewog ihn jedoch nach Zurücklassung von 35.000 Mann unter Feldmarschall Keith zur Deckung Schlesiens nach Küstrin zu Hilfe zu eilen. Es kam zur Schlacht von Zorndorf (25. August), in welcher die Preußen nur durch eine kühne Attaque ihrer Reiterei unter Seydlitz siegten, aber große Verluste erlitten. Da die Russen noch über die Nacht auf dem Schlachtfelde blieben, schrieben auch sie sich den Sieg zu.

Inzwischen war Feldmarschall Daun mit der Hauptarmee aus Böhmen in Sachsen eingebrochen, während ein 20.000 Mann starkes Corps unter General Harsch sich gegen Neiße wendete. Die Preußen unter dem Prinzen Heinrich zu schwach,

um den Oesterreichern im offenen Felde entgegen-
zutreten, concentrirten ihre Streitkräfte in und um
Dresden, wo der tapfere und energische preußische
General Schmettau das Commando führte, der auf
Friedrichs Befehl den schönen Pavillon zerstören
ließ, welchen Graf Brühl in einem Winkel der
Bastion hatte erbauen lassen, die den Namen »Die
Jungfer« führte. Die ganze Bastion und die gegen
die Elbe abfallenden Wälle waren von Brühl in
einen herrlichen Garten verwandelt worden.

Friedrich eilte zur Unterstützung seines Bruders
Heinrich herbei. Am 12. September hatte er die
Vereinigung mit ihm bei Reichenbach vollzogen und
gedachte nun Daun zu einer Schlacht zu drängen,
der ihm lange auswich, ihn aber plötzlich in der
ungünstigen Stellung bei Hochkirch angriff und
vollständig schlug. Feldmarschall Keith und Prinz
Franz von Braunschweig fielen, der Feldmarschall
Prinz Moriz von Dessau gerieth schwer verwundet
in die Gefangenschaft. Der König selbst und die
meisten Generale waren verwundet.

Glücklicher standen für Friedrich die Dinge
im Westen. Am 23. Juni (1758) besiegte Herzog
Ferdinand von Braunschweig mit dem verbündeten
englisch-preußischen Heere die Franzosen bei Krefeld
und zwang sie, sich über den Rhein zurückzuziehen.
Freilich gingen die Früchte dieses Sieges im Verlaufe des Jahres wieder verloren, indem ein neues
französisches Heer unter dem kriegskundigen Marschall Contades in Hessen einrückte und sich er-
obernd über Hannover und Westphalen verbreitete.

Am 10. October erfocht Contades bei Lutternberg über Ferdinand v. Braunschweig einen Sieg, wozu die verbündeten 10.000 Sachsen wesentlich beitrugen.

Durch die Unthätigkeit Dauns gelang es indessen Friedrich bald wieder seine Verluste zu ersetzen. Nachdem er 6000 Mann unter dem Prinzen Heinrich herangezogen, wendete er sich gegen Neiße und zwang den General Harsch, die Belagerung aufzuheben und sich nach Mähren zurückzuziehen. Auch Kosel wurde entsetzt. Daun schritt hierauf zur Eroberung von Sachsen, das General Finck mit einem schwachen Heere vertheidigte. Schmettau hatte Dresden in Vertheidigungszustand gesetzt und zu diesem Zwecke sogar die Vorstädte vor dem Pirnaer und Seethore abbrennen lassen. Daun belagerte die Stadt; aber der kräftige Widerstand und die Nachricht von dem Herannahen Friedrichs und des General Dohna gegen Leipzig bewogen ihn die Belagerung wieder aufzuheben und sich nach Böhmen in die Winterquartiere zurückzuziehen.

Nach dem Abzuge Daun's zog Friedrich in Dresden ein und nahm seine Wohnung im kurfürstlichen Schloß in den Appartements des Königs August. Die Dienerschaft wurde in den Zimmern des Herzogs Albrecht einquartiert, der genöthigt war, für die kurze Zeit der Anwesenheit Friedrichs eine andere Wohnung zu beziehen. Der Rückzug des Marschalls Daun nach Böhmen hatte die Hoffnung Albrechts, aus seiner Gefangenschaft befreit zu werden und in der österreichischen Armee Aufnahme zu finden, vernichtet. Während der Belagerung Dresdens durch die Oesterreicher hatte er oftmals den Schloßthurm bestiegen, um die Bewegungen der Armee und deren Kämpfe zu beobachten. Mit betrübtem Herzen sah er am Morgen des 16. November die Oesterreicher abziehen. Die Lage Albrechts und seines Bruders hatte sich, da jeder ihrer Schritte beobachtet wurde, so drückend gestaltet, daß sie sich derselben durch die Flucht zu entziehen gedachten. Allein der Mangel aller Mittel zur Ausführung ihres Planes und der Umstand, daß der Kurprinz sich persönlich für ihr Verbleiben in Dresden eingesetzt hatte, bewog sie das abenteuerliche Unternehmen aufzugeben, dem überdies die größten Hindernisse im Wege standen. Denn im ersten Jahre ihrer Internirung war es ihnen nicht gestattet, den innerhalb der Stadtmauern gelegenen Bezirk zu verlassen; im zweiten durften sie nur einen oder den andern Garten in den Vorstädten besuchen, und erst im dritten erhielten sie die Erlaubniß, einen Ritt über die Vorstädte hinaus, aber nur im Umkreise der preußischen Cavallerieposten zu unternehmen. Bei einem solchen wurden sie eines Tages von einem Posten plötzlich angehalten, der ihnen die Pistole an die Brust setzte. Diese Ritte waren aber nur während der Zeit gestattet, als sich keine österreichischen Truppen in Sachsen befanden.

Die Unmöglichkeit, diesem Zustand zu entrinnen, versetzte das Gemüth des Herzogs Albrecht in die düsterste Stimmung. Der älteste seiner Brüder, der Kurprinz, besaß die Anwartschaft auf die Thronfolge in Sachsen. Der nächste, Xaver, nahm eine hervorragende Stellung in der französischen Armee ein; dem dritten Karl hatte die Kaiserin von Rußland nach Verbannung des Herzogs Biron nach Sibirien durch Intervention seines Vaters, des Königs August III., das Herzogthum Curland verliehen,*) während ihm und seinem jüngsten Bruder nichts als die Aussicht auf eine kleine Apanage verblieb, ohne hervorragende Stellung, ohne Ansehen in der Welt. Unter diesen Verhältnissen wurde Albrecht von verschiedenen Seiten die Wahl des geistlichen Standes empfohlen, der ihm einzig die Aussicht auf eine hervorragende Stellung eröffnete und nebenbei nach der damals herrschenden Auffassung des Berufs genügende Freiheiten gestattete.

Namentlich war es der britische Gesandte am Hofe seines Vaters, der ihn auf die Vortheile aufmerksam machte, die ihm aus der Wahl dieses Standes erwüchsen. Albrecht fühlte keine Neigung zu demselben, gab aber schließlich dem Drängen der Freunde nach und wendete sich an seinen Vater, um dessen Rath einzuholen. Der König erklärte seiner Wahl keine Hindernisse in den Weg legen zu wollen, empfahl ihm aber noch einmal sein Inneres gründlich zu erforschen, ob er auch die für diesen Stand erforderlichen Eigenschaften besäße.

*) Er war Herzog von Curland von 1758—1763 † 16. Juni 1796, und morganatisch mit Francisca von Corvin-Krasincka, die zur Gräfin erhoben wurde, vermält (25. März 1750).

Der Kurprinz und Weissenberg hingegen wollten ihn auf jede Weise für den geistlichen Stand gewinnen. Man hielt ihn zu Andachtsübungen an, um in seinem Herzen fromme Gefühle zu wecken. Wiewohl sich Albrecht diesen nicht entzog, sich sogar bemühte in seinem Innern eine Wandlung seiner ursprünglichen Neigungen für den Militärstand hervorzurufen, traten dieselben dennoch jedesmal mit Allgewalt wieder hervor, sobald er den Klang einer Trompete, »selbst einer preußischen«, wie er bemerkt, vernahm.

Den Winter von 1758 auf 1759 benützten die kriegführenden Mächte zu Rüstungen für den nächsten Feldzug. Trotz der höchsten Anspannung vermochte jedoch Friedrich nur 130.000 Mann ins Feld zu stellen, während Oesterreich und Rußland über 250.000 Mann aufbrachten, welche diesmal vereint einen vernichtenden Schlag gegen ihn führen sollten. Diese Vereinigung zu verhindern, sandte Friedrich den durch Polen heranziehenden Russen zuerst den General Dohna, dann Wedell entgegen. Er selbst nahm in Schlesien Stellung gegen die Oesterreicher. Als aber Wedell am 23. Juli bei Kay von den Russen geschlagen wurde, fand die von dem König befürchtete Vereinigung der Oesterreicher unter Laudon mit den Russen statt. Es kam zur Schlacht von Kunersdorf (12. August), wo Friedrich eine furchtbare Niederlage erlitt und nur durch die darauffolgende Uneinigkeit seiner Gegner vom Untergange bewahrt wurde. Diese ermöglichte es ihm, sein zerstreutes Heer wieder zu sammeln, und er konnte, nachdem sich die Russen von den Oesterreichern getrennt und nach Polen zurückgezogen hatten, sich nach Sachsen wenden, wo Torgau, Wittenberg und Dresden den Reichs= und österreichischen Truppen übergeben werden mußten.

Dresden war von General Schmettau aufs Aeußerste vertheidigt worden. Nachdem dieser seine Truppen aus der Neustadt zurückgezogen hatte, ließ er einen Pfeiler der großen steinernen Brücke unterminiren, um ihn im Nothfalle zu sprengen. Der Aufforderung zur Uebergabe wurde keine Folge gegeben. »Am 30. August,« schreibt Herzog Albrecht*), »rückten die Croaten durch die Ostra=Vorstadt**) bis an die steinerne Brücke über die Weißeritz, welche von einem Detachement der Garnison besetzt war, worauf der Festungscommandant in der Nacht die Wilsdruffer Vorstadt in Brand stecken ließ. Am 2. September sandte General Maquire (vom Belagerungscorps) einen Officier zum Commandanten mit dem Vorschlag zu einer ehrenvollen Capitulation. Dieser entgegnete, er könne nur unter der Bedingung eine Capitulation eingehen, wenn ihm gestattet werde, mit der ganzen Garnison, der Artillerie und dem Train die Stadt zu verlassen. Dies stimmte mit den Instructionen überein, welche er von seinem König erhalten hatte: falls die Vertheidigung aussichtslos sei und er auf keinen Entsatz hoffen könne, Alles anzubieten, um

---

*) Mémoires de ma vie etc. 1759.
**) Nordwestlich von der Friedrichsstadt.

solche Capitulationsbedingungen zu erhalten, wo=
durch die ganze Garnison und Artillerie, die könig=
lichen Cassen und Armeedépôts gerettet würden.
Da jedoch General Maguire zur Eingehung solcher
Bedingungen ohne vorhergegangene Zustimmung
seines Vorgesetzten, des Prinzen von Zweibrücken,
nicht autorisirt war, so unterblieb die Capitulation,
jedoch wurde von beiden Seiten ein 24stündiger
Waffenstillstand zugestanden. Am folgenden Tage,
den 3., ließ der Prinz von Zweibrücken selbst
durch den Rittmeister Leutrum anfragen, unter
welchen Bedingungen der Commandant die Stadt
übergeben wolle. Da jedoch die durch den Major
Collas schriftlich überbrachten Bedingungen den
früheren gleichlautend waren, wurden sie zurück=
gewiesen. Der Prinz von Zweibrücken ließ nun
die sowohl von den Vorstädten als von der Neu=
stadt aus gegen die Stadt gerichteten Batterien ihr
Feuer wieder beginnen. Von diesen Batterien waren
einige so postirt, daß ihr Kreuzfeuer das Ende der
Brücke vor dem kurfürstlichen Schlosse traf. Eine
Bombe platzte vor dem an das Pirnaer Thor an=
stoßenden Hause und verletzte die Besitzerin des=
selben schwer. Schmettau forderte daher den Kur=
prinzen auf, sich mit der Familie in einen von den
Bomben geschützten Theil des Hauses zurückzuziehen.
Ich wurde mit den Anderen in der Nacht des
4. September in der Hofapotheke untergebracht,
was mich jedoch nicht hinderte, mit meinem Bruder
Frühmorgens wie gewöhnlich den Thurm zu be=
steigen und von dort die zum Angriff und zur

Vertheidigung getroffenen Dispositionen zu beob=
achten.«

Auf die Nachricht von der Wiedereroberung
Wittenbergs und Torgaus sah sich jedoch der
Prinz von Zweibrücken veranlaßt, zwei Cavallerie=
Regimenter gegen Leipzig zu entsenden und den
dort commandirenden General St. André zu be=
auftragen, nach Torgau zu marschiren. »Ich befand
mich gerade auf dem Thurm,« schreibt der Herzog,
als die beiden Regimenter abmarschirten. Der
Schrecken, der sich meiner bemächtigte, als ich diese
Entdeckung machte, läßt sich nicht beschreiben. Ich
hielt dies für den Vorboten eines vollständigen
Rückzuges, gleich jenes, der mich im vorigen Jahre
jeder Hoffnung auf Befreiung beraubte.«

Auf die weitere Meldung, daß General Wunsch
von Torgau gegen Dresden marschire, entschloß
man sich rasch zu neuen Unterhandlungen mit
Schmettau, der jedoch auch jetzt noch an den ur=
sprünglichen Capitulationsbedingungen festhielt. Der
Prinz von Zweibrücken nahm dieselben endlich,
durch die Umstände gedrängt, an. Die Unter=
zeichnung des Schriftstückes fand in den Apparte=
ments des Kurprinzen im Schlosse in Anwesenheit
der in Dresden weilenden Mitglieder der kurfürst=
lichen Familie statt.

An diese Capitulation knüpft sich eine inter=
essante Episode, welche Herzog Albrecht in seinen
Memoiren mittheilt. »Durch die Nachricht von dem
Anmarsch des General Wunsch,« erzählt er dort,
gerieth der Prinz von Zweibrücken in eine arge

Verlegenheit, da er soeben jede Unterhandlung mit dem Commandanten von Dresden abgebrochen hatte. Er wollte dieselbe nun rasch wieder aufnehmen, ohne jedoch in irgend einer Weise seine Ehre zu compromittiren und den General Schmettau die Motive seiner Handlungsweise merken zu lassen. In dieser Verlegenheit wendete er sich durch einen Vertrauensboten an den Kurprinzen und dessen Gemalin, um ihren Rath einzuholen. Damals weilte gerade im kurprinzlichen Palais der erste Leibarzt vom dänischen Hof, namens Wolters. Er war nach Dresden gekommen, um meine Schwägerin zu sehen, der er von früher her sehr zugethan war. Wolters war auch mit dem Prinzen von Zweibrücken befreundet, mit dem er als Regimentsarzt in der französischen Armee während des Feldzuges von 1741 und 1742 diente. Bei seinem Aufenthalte in Dresden wußte er sich in dem Hause des preußischen Generals Schmettau Eingang zu verschaffen, wo er aus Erkenntlichkeit für die Sorgfalt, mit der er die kranke Frau des Generals behandelt hatte, stets die freundlichste Aufnahme fand. Wolters erklärte in Betreff der Capitulation die Vermittlung übernehmen zu wollen. Er begab sich zu Schmettau, der von dem Anmarsch des General Wunsch noch keine Ahnung hatte, und lenkte das Gespräch auf die Capitulation. Er fragte, warum Schmettau es lieber zum Aeußersten kommen lasse, als die Stadt zu übergeben; worauf dieser erwiderte, daß er bereit gewesen sei unter den von ihm gestellten Bedingungen zu capituliren, aber die Initiative zu neuen Vorschlägen nicht ergreifen könne. Wolters erbot sich nun beim Prinzen von Zweibrücken die nöthigen Schritte zur Wiederaufnahme der Unterhandlungen auf Grund der bereits gemachten Vorschläge zu unternehmen. Schmettau war damit einverstanden, und Wolters begab sich über die Schloßbrücke zum Prinzen, um ihn über die Stimmung zu unterrichten, in welcher sich der Commandant in Folge der Unkenntniß über die herannahende Hilfe befand. Der Prinz eröffnete hierauf abermals Unterhandlungen, welche zu der (bereits erwähnten) Unterzeichnung der Capitulation führten.«

Die kurfürstliche Familie ließ diesen Moment nicht vorübergehen, um vor dem Eintreffen der preußischen Entsatztruppen die Stadt zu verlassen. Noch am Abend des Tages, an welchem die Capitulationsunterzeichnung stattfand, begab sich das kurprinzliche Paar mit den Prinzen Albrecht und Clemens nach der Neustadt, wo der Prinz von Zweibrücken sein Hauptquartier aufgeschlagen hatte. In aller Eile wurden dahin Wagen und Pferde sowie die nothwendigsten Gegenstände geschafft. Noch vor der Abreise wurde man jedoch durch ein eigenthümliches Ereigniß in Aufregung versetzt. Während des Soupers vernahm man plötzlich mehrere Schüsse. Und als man nach deren Ursache forschte, wurde berichtet, daß der Stellvertreter Schmettau's Oberst Hoffmann, eine rücksichtslose und rohe Natur, an der Brücke einer Compagnie österreichischer Grenadiere begegnet und, in Unkenntniß von der abgeschlossenen Capitulation, höchst aufgebracht in das Schloß zurückgekehrt sei, dort den commandirenden Hauptmann der Schloß-garnison insultirt, hierauf eine Pistole ergriffen und auf ihn angelegt habe; worauf einige Soldaten, bei denen er sehr unbeliebt war, über ihn her-gefallen seien und ihn derart zugerichtet hätten, daß er nach einigen Minuten den Geist aufgab.

In der Neustadt wurden die Prinzen von General Maguire und den hervorragendsten Offi-cieren des österreichischen Corps empfangen und in das an das »weiße Thor« anstoßende Haus geleitet, wo sie die Nacht zubrachten.

Schon am frühen Morgen wurden sie durch die Nachricht alarmirt, daß General Wunsch be-reits auf der Meißner Straße heranrücke. Man beeilte sich daher aufzubrechen, um vor Ankunft des Feindes die Schiffsbrücke bei Pirna zu erreichen und von dort nach Böhmen zu ent-kommen.

Die beiden Prinzen bestiegen ihre Pferde, die einzigen, die sie besaßen, und ritten unter dem sich immer mehr nähernden Donner der Geschütze und dem Knattern der Musketen längs der Elbe aufwärts, übersetzten den Fluß bei Pirna, wo sie warteten, bis die übrigen Mitglieder der kurfürstlichen Fa-milie eingetroffen waren, mit denen sie die Reise weiter fortsetzten. Man wendete sich nach Teplitz, wo man um Mitternacht anlangte. Ein öster-reichischer Artilleriehauptmann, der alte Major Zanthier und ein sächsischer Officier bildeten die Begleitung.

Inzwischen lief die Nachricht ein, daß General Wunsch abgezogen sei und die preußische Besatzung den 8. Sept. Dresden verlassen solle. Dieses Schauspiel wollten sich die Prinzen nicht entgehen lassen. Sie bestiegen in früher Morgenstunde ihre Pferde und kamen noch zur rechten Zeit in der Neustadt an, um die preußischen Truppen mit der gesammten Artillerie und dem Train die Brücke passiren zu sehen. Die Nacht und den folgenden Morgen verbrachten sie in der Neustadt und speisten zu Mittag in Gorbitz, dem Hauptquartier des Prinzen von Zweibrücken.

Nach dem Abzug der Preußen versammelte sich die kurfürstliche Familie wieder in Dresden, verweilte jedoch nur kurze Zeit daselbst, denn schon wurde der Anmarsch eines preußischen Heeres unter den Generalen Rebentisch und Finck gemeldet, um sich mit dem General Wunsch zu vereinigen. Wunsch hatte Leipzig genommen und richtete seinen Marsch gegen Döbeln. Der Prinz von Zweibrücken ließ deshalb Dresden durch eine starke Garnison besetzen und postirte sich mit der übrigen Armee in der Umgebung von Wilsdruff. Die kurfürstliche Familie befand sich abermals in einer bedrohten Lage. Der Kurprinz verließ daher Dresden und zog sich mit der gesammten Familie nach Prag zurück. Zu ihrem Empfang hatten sich der Oberst-Burggraf von Böhmen, Graf Kolowrat, der Erzbischof Graf Blankenheim-Manderscheid und die hervorragendsten Mitglieder des böhmischen Adels eingefunden.

Den Prinzen Albrecht und Clemens wurde ein Haus auf dem Hradschin zur Wohnung angewiesen, in der Nähe des gräflich Czernin'schen Palais', welches der Kurprinz mit seiner Gemalin und seinen Schwestern bezog, während seine Kinder und deren Begleitung in einem anderen, anstoßenden Hause untergebracht wurden.

Die alte Königstadt machte auf Herzog Albrecht einen tiefen Eindruck. Es war gleichsam eine neue Welt, die sich vor seinen Augen öffnete. Die malerische Lage der Stadt entzückte ihn; die vielen prächtigen Kirchen, die reichen Paläste des hohen Adels sowie dessen prunkvolles Auftreten erregten sein Staunen. Vor Allem fiel ihm die große Zahl von Geistlichen und Mönchen in ihren mannigfachen Gewändern auf. Ebenso waren der Reichthum mehrerer Klöster und die fürstliche Pracht ihrer Aebte ungewohnte Erscheinungen für ihn, der aus einem protestantischen Lande kam.

Die Prinzen wurden während ihres Aufenthaltes in Prag vom Adel und der Bürgerschaft mit Aufmerksamkeiten überhäuft, so daß ihnen die Tage angenehm dahinflossen. Allein das unthätige Leben konnte ihnen auf die Dauer keine Befriedigung gewähren, sie sehnten sich darnach, ihre Jugendkraft in den Dienst einer großen Sache zu stellen. Sie wendeten sich daher an den Marschall Daun, um durch ihn die Erlaubniß zu erlangen, im Heere der Kaiserin als Volontäre dienen zu dürfen. Dies geschah ohne Wissen Wessenberg's, der ihnen seiner Härte wegen entfremdet war. Erst als sie zur

kaiserlichen Armee abreisten und sich bei ihm ver=
abschiedeten, setzten sie ihn von ihrem Vorhaben in
Kenntniß. Dabei vergaß Herzog Albrecht niemals
der Verdienste, welche sich Wessenberg um seine
und seines Bruders Erziehung erworben hatte. Er
bewahrte ihm stets ein wohlwollendes Andenken
und verkannte nicht seine guten Absichten, mochte
auch die Art, sie zu verwirklichen, eine verfehlte
gewesen sein.

Ofen.

II. Kriegsjahre.

(1759—1763.)

In Begleitung des Oberstlieutenants Stutter=
heim,[*] des Majors Miltitz und des Genie-Lieute=
nants Aster traten die Prinzen die Reise zur öster=
reichischen Armee an, welche anfangs October
zwischen den Dörfern Heinitz und Radewitz in
Sachsen stand. Von dem rechten Flügel waren auf
den Höhen bei dem Dorfe Miltitz die Grena=
diere und Carabiniers postirt. Das Hauptquartier
befand sich in Rothschönberg. Hier stellten sich die
Prinzen dem Marschall Daun vor, der sie in seine
Suite aufnahm. Bei ihrer Ankunft mangelte es
ihnen an Allem: »In Folge unserer Gefangen=
schaft,« schreibt Herzog Albrecht, »kamen wir bei
dieser Armee (wo wir außer den Prinzen Karl

*) Stutterheim war nach dem Kriege sächsischer Ge=
sandter in Berlin, zuletzt sächsischer Minister des Aeußern,
als welcher er 1788 in Dresden starb.

43

Liechtenstein und de Ligne keine Seele kannten) ohne Equipage,*) ohne Bettzeug, mit dem einzigen Anzug, den wir auf dem Leibe trugen und mit den Pferden, die wir ritten, an. Wir waren daher genöthigt, auf Stroh zu schlafen und uns während der Nacht mit einer Pferdedecke gegen die Kälte und gegen Regen und Schnee mit einem Mantel zu schützen, den uns der eine oder andere mit= leidige österreichische Officier überließ. Erst allmälig wurden wir von Dresden mit Pferden und sonst nothwendigen Sachen versehen.«

Am 3. October rückte die kaiserliche Armee gegen Lommatzsch vor, wo sie Mittags das Lager aufschlug. Als Avantgarde standen die Grenadiere und Cara= biniers auf den Höhen zwischen Dörschnitz und Mehlthener; eine Abtheilung unter Hadik war bis Riesa vorgerückt und recognoscirte von dort gegen Gröben die Bewegungen des Feindes. Als man durch Deserteure erfuhr, daß Prinz Heinrich von Preußen bei Belgern, südöstlich von Torgau, eine Brücke habe schlagen lassen, um über die Elbe zu setzen, rückte die kaiserliche Hauptarmee am 4. bei Tagesanbruch bis Riesa vor, wo sich das Corps des General Hadik mit ihr vereinigte. Letzterer verließ nach einer von Daun einberufenen Con= ferenz die Armee und begab sich, angeblich zur Wiederherstellung seiner angegriffenen Gesundheit, nach Teplitz. Ein Gerücht wollte jedoch wissen, der General habe in Folge eines Zerwürfnisses

**) Nach damaligen Begriffen: Wagen, Pferde, Dienerschaft ꝛc.

44

mit dem Prinzen von Zweibrücken, dessen Befehle er ungenügend ausgeführt, um einen Urlaub angesucht und ihn erhalten.

Eine neuerliche Recognoscirung ergab, daß die preußische Armee sich ungefähr eine Meile von Riesa, mit dem linken Flügel gegen die Elbe zu an den Ort Strehla, mit dem rechten an den Wald und die Höhen des Dürren Bergs gelehnt, postirt hatte.

Außerdem war die Höhe, auf welcher die Windmühle von Liebschütz stand, mit einigen Bataillonen besetzt, und einige Escadronen Cavallerie hatten sich gegen Canitz zu aufgestellt.

Die preußische Armee war äußerst günstig postirt, so daß Daun einen Angriff nicht für zweckmäßig hielt. Er ließ jedoch durch General Buckow mit einem starken Corps eine Diversion gegen Dahlen machen, um den Prinzen Heinrich aus seiner Stellung zu locken. Dieser sandte aber demselben vorerst nur eine Abtheilung unter General Wunsch entgegen. Erst eine allgemeine Vorrückung der kaiserlichen Truppen bewogen ihn in der Nacht vom 16. auf den 17. sich auf Torgau zurückzuziehen. Am 19. rückten ihnen die Oesterreicher nach. Die Avantgarde bildeten die leichten Truppen unter General Esterházy, denen Grenadiere und Carabiniers folgten, commandirt vom Generalquartiermeister Lacy. Nach wiederholten Scharmützeln zogen sich die Preußen zurück. Daun schlug sein Lager in der Nähe von Belgern auf, unternahm am 21. selbst eine Recognoscirung der neuen feindlichen Stellung und constatirte die Unmöglichkeit eines directen Angriffs derselben. Er suchte daher durch ein geschicktes Manöver den Gegner daraus zu vertreiben. Zu diesem Zwecke rückte er am 22. gegen Schildau und verlegte das Hauptquartier dahin.

Der Prinz von Zweibrücken war bereits am 20. mit dem größten Theil der während dieser Vorgänge unter den Mauern von Dresden stehenden Armee aufgebrochen, um sich mit Daun zu vereinigen und einen vernichtenden Schlag gegen den Prinzen Heinrich zu führen. Durch geschickte Gegenmanöver, von denen Daun erst zu spät Kenntniß erhielt, wußte jedoch der Prinz das Vorhaben zu vereiteln. Und als noch überdies am 3. November die Nachricht einlief, daß Friedrich II. mit einer Armee aus Schlesien in Sachsen eingefallen sei, hielt es Daun bei der vorgerückten Jahreszeit für das Zweckmäßigste, das Lager bei Schildau abzubrechen und sich auf Dresden zurückzuziehen. Ein Corps von 20 Bataillonen Infanterie und vier Regimentern Cavallerie bildeten die Nachhut. Daun schlug nun sein Hauptquartier in Heinitz auf, um sich über die Absichten Friedrichs zu orientiren, der sich in Eilmärschen der Elbe näherte. Der Prinz von Zweibrücken hatte abermals Dresden besetzt.

Auf die Nachricht, daß Friedrich ein starkes Corps unter General Finck habe gegen Maxen vorrücken lassen, um die Oesterreicher von Böhmen abzuschneiden, beschloß Daun, den preußischen General mit überlegener Macht anzugreifen, bevor es Friedrich möglich wäre Hilfe zu bringen. Am 19. setzten sich die Kaiserlichen gegen Dippoldis= walde in Marsch. Ein starkes Corps unter General O'Donnell bildete die Avantgarde. Noch am selben Tage recognoscirte der Marschall selbst das Terrain und traf die Dispositionen für den folgenden Tag. An seiner Seite befanden sich die Prinzen Albrecht und Clemens.

»Mein Bruder und ich,« berichtet der Herzog *) über diese Recognoscirung, »ritten ganz in der Nähe des Marschalls, als wir plötzlich bei dem Dorfe Possendorf einige Schüsse fallen hörten. Gleich darauf stürzte ein Soldat herbei und be= richtete uns, daß der Feind sich im Dorfe befände. Da wir nicht umkehren und dadurch das Corps O'Donnell's beunruhigen wollten, entschlossen wir uns mit geladenen Pistolen in der Hand unseren Weg weiter zu verfolgen. Als wir in das Dorf kamen, vernahmen wir, daß die feindlichen Hußaren, die sich unter dem Schutze der Dunkelheit heran= geschlichen hatten, bereits von der Escorte des Marschalls vertrieben worden seien.

Zur selben Zeit rückte auch schon eine Es= cadron von unserer Cavallerie in das Dorf, wovon ein Theil uns bis ins Hauptquartier das Geleite gab.«

Frühzeitig am nächsten Morgen geleiteten die Prinzen den Marschall zum Corps des Generals O'Donnell.

- - - - - - - -

*) Mémoires de ma vie.

47

Eine zweite auf Befehl Daun's unternommene Recognoscirung erwies, daß der Feind eine feste Stellung innehabe und daß auch sonstige Schwierigkeiten einem Angriffe im Wege ständen. Die Straßen waren unpracticabel; der geschmolzene Schnee war während der Nacht gefroren und die Gegend mit Glatteis bedeckt. Ueberdies erschwerte das durchschnittene Terrain das Manövriren der Artillerie und Cavallerie. Trotzdem entschloß man sich zum Angriffe, namentlich auf das Drängen Lacy's. In diesem Entschlusse wurde man noch durch den um Mittag eingetroffenen Bericht des Majors Fabris vom Generalstab bestärkt, dem es gelungen war, mit einer Abtheilung Hußaren durch das Gehölz von Reinhardsgrimma zu dringen und von der Anhöhe einen Ueberblick über die feindlichen Streitkräfte und deren Position zu gewinnen. Die Kaiserlichen rückten in vier Colonnen gegen Maxen, besetzten die Höhen bei Reinhardsgrimma, worauf sich der größte Theil der gegnerischen Armee unter General Finck auf die vor Maxen gelegene Anhöhe zurückzog, welche durch Einsenkungen von den sie umgebenden Hügeln getrennt und zur größeren Sicherheit mit Flèchen und Redouten versehen sowie mit Geschütz besetzt war. Ein Theil der preußischen Infanterie und das Gros der Cavallerie stand hinter dem Dorfe Maxen, wo sich gleichzeitig das Hauptquartier befand.

Die Oesterreicher erstürmten kühn die Anhöhe, trieben trotz des Artilleriefeuers den Feind aus seiner Stellung und zwangen ihn sich in das Dorf zurückzuziehen. Das ganze Geschütz fiel in die Hände der Kaiserlichen. General Finck rallirte hierauf seine Truppen auf der Anhöhe hinter Maxen. Indessen rückte ein kaiserliches Corps unter General Brentano durch Lockwitz, um den Feind im Rücken zu fassen, der sich jedoch rasch unter Verlust von mehreren Geschützen auf die rückwärtigen Anhöhen zurückzog, dieselben aber bald wieder verließ.

Zur selben Zeit griffen die Reichstruppen unter dem Prinzen von Stolberg von Dohna her an, wohin sie Daun beordert hatte. Allmählich wurden die Preußen von allen Seiten eingeschlossen und in einen immer engern Kreis gedrängt, so daß ein Durchbrechen unmöglich war und Finck schließlich genöthigt wurde zu capituliren (21. November).

Sowohl die Kaiserlichen als die Reichstruppen hatten in diesem Kampfe große Bravour bewiesen. Namentlich hatte sich die Artillerie ausgezeichnet. Gegen 12.000 Mann waren gezwungen die Waffen zu strecken, die als Gefangene nach Dresden geführt wurden. Wenige Tage darauf fiel auch General Diericke mit 1400 Mann in die Hände der Oesterreicher.

»Ich gestehe«, schreibt Herzog Albrecht*) »daß ich mich nicht erinnere einen glücklicheren Tag erlebt zu haben als diesen. Vor kaum zwei Monaten der Gefangenschaft entronnen, hatte ich tagsvorher mein Quartier in einer Vorstadt Dresdens ver-

---

*) Mémoires de ma vie.

lassen, um die Preußen zu bekämpfen. Und nun kehrte ich an der Seite des Feldherrn mit der siegreichen und triumphirenden Armee aus der ersten Schlacht, der ich beiwohnte, zurück. In dieselbe Stadt, in welcher ich der Gefangene der Preußen war, wurden 12.000 Mann derselben mit jenem General kriegsgefangen gebracht, von dem wir, als er in Dresden commandirte, am meisten zu leiden hatten, was mich jedoch nicht hinderte, ihm mit Zuvorkommenheit zu begegnen und ihn namentlich bei der Tafel, zu der die gefangenen preußischen Officiere geladen waren, mit Aufmerksamkeiten zu überhäufen«.

Die gefangenen Officiere wurden in der Stadt einquartirt; von den Verwundeten wurde ein Theil in den Kasernen und im Kadettenhause in der Neustadt untergebracht. Die übrigen Soldaten wurden in den nächsten Tagen nach Böhmen befördert.

In Dresden wurde der Sieg bei Maxen durch einen festlichen Gottesdienst gefeiert. Die Halle, in welcher derselbe abgehalten wurde, war mit den eroberten Trophäen geschmückt, unter denen sich vier Paar Pauken, gegen 120 Fahnen und Standarten und 70 Kanonen verschiedenen Kalibers befanden.

Friedrich II. hatte inzwischen seine Armee bei Kesselsdorf zusammengezogen. Zur Orientirung ließ Daun am 23. eine Recognoscirung vornehmen, wobei die Kaiserlichen mit den Preußen handgemein wurden und sich, als Friedrich seine gesammten Truppen zum Kampfe entwickelte, auf ihre Soutiens zurückzogen.

Dann vereinigte nun die Armee in seinem ver=
schanzten Lager hinter dem Plauenischen Grunde,
während Friedrich 12.000 Mann Verstärkungen
unter dem Erbprinzen von Braunschweig heranzog,
um den österreichischen General Maquire aus seiner
festen Stellung bei Dippoldiswalde zu vertreiben.
Nachdem er sich jedoch von der Aussichtslosigkeit
des Unternehmens überzeugt hatte, zog er sich zurück
und schlug sein Hauptquartier in Freiberg auf,
legte aber ganze Regimenter in die Dörfer um
Dresden und lagerte vier Bataillone bei Wilsdruff.

Die Truppen hatten auf beiden Seiten bei
der herrschenden Kälte viel zu leiden; Tausende
fanden durch Entbehrungen aller Art den Tod.

Ueber die Stellung der Kaiserlichen berichtet
Herzog Albrecht:*) »Das Lager, welches wir besetzt
hielten, erstreckte sich rechts in der Ebene bis an
die Vorstädte, in denen Infanterie lag. Auf dieser
Seite stand auch unsere ganze Cavallerie, und der
vorne sich erhebende Hügel war mit Kanonen besetzt.
Hart daran floß ein Mühlbach und etwas weiter
entfernt die Weißeritz. Die angrenzenden und da=
zwischen liegenden Gärten waren dicht mit In=
fanterie besetzt. Jenseits der Weißeritz liegt nach
rechts die Vorstadt Friedrichsstadt, die man zu
verschanzen begann und wohin wir unsere gesammten
Grenadiere verlegt hatten. Das Centrum lehnte sich
an das Dorf Plauen, in dessen Nähe sich Hügel
erheben, zwischen denen die Weißeritz dahinfließt.

*) Mémoires de ma vie.

Die linke Seite des Lagers erstreckte sich die Anhöhen entlang bis an den Wind-Berg, wo sie sich nach rückwärts gegen Rabenau bog. Hier standen einige Bataillone, um die Verbindung mit dem bei Dippoldiswalde stehenden Corps aufrecht zu erhalten«. — »Die Nähe des Feindes zwang uns die Truppen in einem engen Raume beisammen zu halten, wodurch sie sehr zu leiden hatten, nicht nur von der strengen Kälte, sondern auch von Krankheiten aller Art. Allein dies waren nicht die einzigen Uebelstände die wir erdulden mußten. Es begannen auch die Lebensmittel und das Futter für die Pferde zu mangeln. Auf dem kleinen Stück Land, das wir besetzt hatten, war schon Alles von den Armeen, die vordem hier weilten, aufgezehrt worden; es fand sich kaum für 8 Tage Proviant vor. Die Magazine in Dresden hatten noch keine hinreichende Zufuhr aus Böhmen erhalten. Ueberdies war dieselbe durch den Umstand sehr erschwert, daß die Elbe seit Ende November zugefroren und von den beiden Straßen, die nach Böhmen führten — die eine über Rumburg, die andere über Peterswalde — die letztere, namentlich im Winter, fast nicht fahrbar war. Mit Aufwand aller Kräfte gelang es jedoch die Stadt und deren Besatzung während des Winters nicht nur mit Brot und Fourage, sondern auch mit anderen Lebensmitteln zu versehen, mit denen beladen ganze Reihen von Wagen sogar aus Ungarn herbeikamen«.

Die Wasserruhe während des Winters wollten Herzog Albrecht und sein Bruder zu einem Besuche ihres Vaters in Warschau benützen. Auf dem

Wege nach Wien verweilten sie kurze Zeit in Prag, wo sich noch immer die Familie des Kurprinzen aufhielt und eben sich anschickte, einer Einladung des Kurfürsten von Bayern nach München zu folgen. Die Prinzen verließen in Begleitung des General-Lieutenants O'Meagher und zweier Generalstabs-officiere*) gleichzeitig mit ihr die Stadt. In der letzten Poststation vor Wien (Stockerau) trafen sie den Grafen Flemming, sächsischen Gesandten am Wiener Hofe, und die Gräfin Mniszech, eine Tochter des Grafen Brühl, die ihnen entgegengereist waren. In Wien angelangt (9. Jänner 1760) stiegen sie in dem vom Stadtmagistrate erbauten Gasthofe auf dem Neuen Markte, die »Mehlgrube« genannt, ab, wo für sie Zimmer bereit gehalten wurden. Die »Mehlgrube«, gegenwärtig das »Hôtel Munsch«, war im vorigen Jahrhundert der Versammlungsort des höchsten Adels.**) Hier fanden die glänzenden Maskenbälle statt, welche, da nur Mitglieder der alten Adelsfamilien Zutritt zu denselben erhielten, im Volksmunde »Ahnenbälle« genannt wurden. Arrangeur derselben war Acriboni, »der schöne Garderobier des alten Prinzen« (Eugen).

Auch für die Kinder der adeligen Familien wurden in der »Mehlgrube« während des Faschings Unterhaltungen, die sogenannten »Kinderfeste« ver-

---

*) O'Meagher war einer jener sächsischen Generale, die von Friedrich gefangen und auf Ehrenwort entlassen worden waren. Die Prinzen hatten sich ihn seiner hervorragenden Bildung wegen zum Begleiter erbeten.

**) Schimmer, Das alte Wien, Bd. I. Kisch, Wien.

anstaltet, die gewöhnlich mit einem Tanzvergnügen der Erwachsenen ihren Abschluß fanden.*)

Zur Zeit als die Prinzen in Wien ankamen, war die Glanzperiode dieser Bälle bereits vorüber, da Acceriboni sich später zurückgezogen hatte und 1750 gestorben war.

Ueber seinen Aufenthalt in Wien berichtet Herzog Albrecht**): »Am nächsten Tage nach unserer Ankunft wurden wir dem Kaiser Franz (I.) vorgestellt, der uns mit jener Güte und jenem offenen und gewinnenden Wesen empfing, welches ihm ganz besonders eigen war und ihn zur liebenswürdigsten Persönlichkeit des Hofes machte. Hierauf begaben wir uns zur Kaiserin. Sie kam uns mit jener Leutseligkeit entgegen, welche ihr die Herzen Aller gewinnt, die ihr nahen. Wir verließen entzückt und begeistert von dem uns gewordenen Empfange diese große Herrscherin, welche bei jeder Gelegenheit ihre hohe Gesinnung und die Zartheit ihrer Empfindungen bekundet. Diese, sowie die Festigkeit und Unerschrockenheit ihres Geistes haben ihr mit Recht die Bewunderung von ganz Europa zugezogen. Unser nächster Gang war zu Erzherzog Joseph.***) Dieser Prinz, der so viel von sich reden machte, als er später den Kaiserthron bestieg und die Regierung in den Staaten der österreichischen Monarchie antrat, stand damals erst im 19. Lebens=

---

*) Küchelbecker, Allerneueste Nachrichten vom römisch=kaiserlichen Hofe. Hannover 1732.

**) Mémoires de ma vie.

***) Geboren 13. März 1741, Kaiser 1765.

jahre, und sein Charakter hatte noch nicht jene ausgesprochene Richtung angenommen, wie seitdem. Allein man konnte bei ihm bereits jene Beob= achtungsgabe wahrnehmen, der nichts zu entgehen vermochte. Hierauf machten wir den übrigen Mit= gliedern der kaiserlichen Familie unsere Auf= wartung.«

»Abends fand in den Appartements der Kaiserin ein Concert statt, bei dem die beiden ältesten Erz= herzoginnen*) Gelegenheit hatten ihr musikalisches Talent zu zeigen. Beide hatten schöne und edle Gesichtszüge, allein bei der jüngeren gesellte sich zu einem tadellosen Wuchs und einem reizenden Gesichts= ausdruck eine Lebhaftigkeit des Geistes und Tem= peramentes, alles Eigenschaften, die geeignet waren mich vom ersten Augenblicke an zu fesseln.«

»Am folgenden Tage wurde eine Schlittenfahrt von der kaiserlichen Burg aus nach Schönbrunn unternommen. Auf jedem Schlitten fuhr ein Cavalier und eine Dame. Die Auswahl der Paare wurde früher durch das Los bestimmt. Der Zufall wollte, daß meine Nummer mit der jener Erzherzogin übereinstimmte, deren Liebreiz auf mich am Abend vorher einen so tiefen Eindruck gemacht hatte, und ich so einige Stunden des Tages mit ihr allein verbringen konnte. Man kann sich vorstellen, welche Gefühle sich meiner bemächtigten, als mich neben

---

*) Maria Anna, geboren 6. October 1738, gestorben 19. October 1789, und Maria Christine, geboren 13. Mai 1742, gestorben 24. Juni 1798, spätere Gemalin des Herzogs Albrecht.

dem Zauber ihrer Conversation noch der ihrer un=
mittelbaren Nähe umstrickte. Ich wagte es jedoch
nicht einmal mir selbst zu gestehen, was ich em=
pfand. Der Abstand zwischen dieser Prinzessin und
mir, dem jüngeren Sohn einer zahlreichen Fürsten=
familie, gestattete nicht einmal darüber nachzu=
denken.«

»Wir blieben den ganzen Monat Jänner und
bis gegen Mitte Februar in Wien. Es fand noch
eine Schlittenfahrt des Hofes und eine öffentliche
oder sogenannte »Paradefahrt« statt, bei welcher
man durch die Straßen und Plätze der Stadt fuhr:
ein glänzendes Schauspiel und einzig in seiner Art,
wobei der Adel einen ungewöhnlichen Luxus in der
Ausstattung der Schlitten und in den Costümen
der Herren und Damen entfaltete. Diesmal grup=
pirten sich die Paare nicht nach dem Lose, sondern
nach dem Range bei Hof. Ich war bei dieser An=
ordnung so glücklich mich wieder an der Seite der=
selben Erzherzogin zu finden, deren Liebenswürdig=
keit mich bereits bezaubert hatte, wodurch mein
Enthusiasmus für sie nur noch erhöht wurde.«

»Bald darauf wurde vom Fürsten Joseph
Liechtenstein eine Schlittenfahrt bei Nacht veran=
staltet, an welcher der Hof nicht theilnahm. Der=
selbe folgte ein Souper im fürstlichen Palaste.«

Die noch übrige Zeit des Aufenthaltes ver=
strich mit Bällen bei Hofe und dem Hochadel mit
Diners und Soupers bei den Ministern und den
ersten Adelsfamilien. Daneben besuchten die Prinzen
die Italienische Oper und die Vorstellungen einer

französischen Schauspielertruppe, welche abwechselnd Tragödien, Komödien und komische Opern gab. Im Kärnthnerthor-Theater wurden deutsche Vorstellungen gegeben, denen sie ebenfalls mehrere Male beiwohnten. Der Hanswurst bildete noch den Hauptanziehungspunkt für das Publicum. Die Sprache der aufgeführten Stücke entbehrte der edlen Diction, der Dialog war mangelhaft, doch gab es unter den Darstellern manches hervorragende Talent in seiner Art. Trotz des Krieges herrschte in allen Schichten der Gesellschaft nach außen hin eine fröhliche Stimmung. Dazu trug die Person des Kaisers wesentlich bei, der gesellige Zerstreuungen liebte. Und da die Kaiserin ihrem Gemal ungemein zugethan war, so vermied sie Alles, was den heiteren Ton in der kaiserlichen Familie stören konnte.

Wien war zu jener Zeit reich an schönen und geistreichen Frauen, unter ihnen die Fürstin Auersperg, welche neben der kaiserlichen Familie allen Festlichkeiten einen besonderen Glanz verliehen. Es bot ein unvergleichliches Schauspiel dar, wenn bei gewissen öffentlichen und kirchlichen Festen die Kaiserin mit ihrem Gemal, und die lange Reihe der Familienmitglieder in glänzendem Aufzuge daherschritten. Den Fremden fiel besonders das spanische Costüme auf, das damals noch bei Hofe von Allen, vom Kaiser bis zum Pagen herab, bei festlichen Gelegenheiten getragen wurde. Die Mitglieder der kaiserlichen Familie unterschieden sich dabei von den geheimen Räthen und Kämmerern nur durch die farbigen Stoffe und die reicheren

Goldspitzen, während diese mit schwarzen Gewändern und Mänteln bekleidet waren. Alle trugen jedoch auf gleiche Weise große Perrücken, bei denen rückwärts das wallende Haar durch einen Knoten locker zusammengehalten wurde.*)

Um die Mitte des Monats Februar rüsteten sich die Prinzen zur Fahrt nach Warschau. Noch vor der Abschiedsaudienz bei der Kaiserin hatte sich der Herzog Albrecht einer besonderen Huld der erhabenen Herrscherin zu erfreuen. Mochte sie durch Marschall Daun von der Haltung der Prinzen während des letzten Feldzuges Kenntniß erhalten haben, oder wollte sie der sächsischen Regentenfamilie wegen der Opfer, die sie durch den Anschluß an Oesterreich bringen mußte, einen besonderen Beweis ihrer Erkenntlichkeit geben, — sie forderte den Herzog Albrecht auf, in die kaiserliche Armee einzutreten. Der Herzog war überglücklich und hatte nicht genug Dankesworte für die ihm erwiesene Gnade. Glaubte er doch auch der Zustimmung seines königlichen Vaters sicher zu sein, sich dem Dienste der Kaiserin widmen zu dürfen!

Am 15. Februar (1760) verließen die Prinzen Wien. Die Kaiserin erwies ihnen noch bei ihrer Abreise eine besondere Aufmerksamkeit, indem sie am Tage derselben dem Grafen Khevenhüller folgendes Billet schrieb: »Sie werden spätestens

---

*) Unter Joseph II. wurde die spanische Tracht abgeschafft und durch die militärische Uniform ersetzt; nur die kaiserlichen Hofräthe trugen dieselbe noch bei Gerichtssitzungen bis zur Auflösung des Deutschen Reiches.

10 Uhr sich zu den sächsischen Prinzen begeben, um ihnen von unserer Seite noch Adieu zu sagen, und dieselben nicht eher verlassen, als bis sie den Wagen bestiegen haben; sie gedenken von der Kirche aus wegzufahren.« *)

Die Prinzen beabsichtigten anfangs den Weg über Krakau zu nehmen. Auf den Wunsch Maria Theresias, welche fürchtete, daß sie auf dieser Route wegen der Nähe der schlesischen Grenze überfallen werden könnten, entschlossen sie sich über Ungarn zu reisen. Die Kaiserin gab ihnen als Begleiter und Berather den Kämmerer Grafen Pálffy mit. Den ersten Tag erreichten sie Kitsee, südlich von Preßburg, wo sie vom Fürsten Esterházy auf seinem Schloß empfangen wurden, der ihnen zu Ehren ein glänzendes Souper gab, während dessen die fürstliche Musikcapelle, deren Dirigent damals der berühmte Haydn war, concertirte.

Am folgenden Tage kamen sie bis Neszmedy, eine Poststation unterhalb Komorn, am dritten nach Ofen, wo sie der Stadtgouverneur General-Lieute-nant Burghausen empfing und in das Palais des

---

*) Vous ires à 10 heures au plus tard chez les princes de saxe pour leur faire encore de notre part nos adieux et vous ne le quitterez pas sans les avoir vue entrer en carosse et partir, il conte partir de l'eglise.

M. Th.

(Eigenhänd. E. A. A.)

Khevenhüller bekleidete das Amt eines Oberstkäm-merers von 1745 bis 1765 und wurde dann zum Obersthof-meister ernannt. Wolf, Adam, »Hofleben Maria Theresias«.

Fürsten Batthyány geleitete, in dem sie Quartier nahmen. Sie gedachten schon am nächsten Tage weiter zu reisen, allein die Donau war mit gewaltigen Eisblöcken bedeckt, die das Uebersetzen unmöglich zu machen schienen. Zwei Tage darauf wagten sie dennoch den Uebergang über den Fluß, der auch, obwohl unter großen Schwierigkeiten, gelang. In Pest statteten sie dem Grafen Fekete, Personal*) des Königreichs, einen Besuch ab und fuhren dann über Gödöllö bis Gyöngyes, von hier über Kerecsend nach Erlau, wo sie am 5. Tage nach ihrer Abreise von Wien anlangten. Hier empfing sie der Erzbischof und das Domcapitel. Nach Besichtigung des erzbischöflichen Palastes, der Kirche und des neuerbauten Seminars erreichten sie noch Abends die Besitzung des Grafen Dessewffy, in der Nähe von Kaschau, und am folgenden Tage Bartfeld, von wo die Straße nach Polen führte.

Bis hieher konnten sie regelmäßig die kaiserlichen und königlichen Posten benützen. Nun waren sie genöthigt ein Landfuhrwerk aufzunehmen, mit dem sie bis Izba kamen, ein elendes polnisches Dorf, wo sie die Nacht in dem Hause des griechisch-unirten Pfarrers in Gesellschaft von Schweinen und Hühnern verbrachten, deren Geschnupper Grunzen und Gegacker sie des Morgens aus dem

---

*) Der Titel »Personal« ist eine Abkürzung von »Personalis praesentiae regiae in judiciis locum tenens«. Er ist der Vorsitzende der königlichen Tafel, welche theils erste Instanz, theils Appellationsgericht mit 22 Beisitzern war.

Schlafe weckte. Dann ging es über Dembowice, Brzostek und Dembica nach Radomyśl. Am 9. Tage erreichten sie Baranow, eine Besitzung des Großkanzlers von Polen, Grafen Malachowski, wo sie längeren Aufenthalt nehmen mußten, da Albrechts Bruder Clemens sich auf der Reise einen Rheumatismus zugezogen hatte.

Das Schloß befand sich in einem so ver=nachlässigten Zustande, daß es, namentlich in der kalten Jahreszeit, ganz unbewohnbar war. Die Prinzen mußten in einem in der Nähe des Schlosses gelegenen, kleinen, ebenerdigen Gebäude ihr Absteigquartier nehmen, das, obwohl ohne Ameublement, wenigstens zur Noth beheizt werden konnte. Die Nahrungsmittel wurden nothdürftig von Juden der Umgebung beschafft. Aus diesem Zustande wurden sie durch einen polnischen Edel=mann aus der Nachbarschaft, Namens Ossolinski, einen Verwandten des Königs Stanislaus Les=zynski, befreit, dessen Bekanntschaft sie auf der Durchreise in Mielec gemacht hatten. Ossolinski war gerade zum Jahrmarkt nach Baranow ge=kommen und hatte von der Anwesenheit der Prinzen sowie ihrer peinlichen Lage gehört. Sofort sandte er ihnen täglich einen Schlitten mit Lebensmitteln aller Art, womit sie reichlich ihren Tisch besetzen und auch den Unterhalt der Dienerschaft bestreiten konnten.   •

Sobald Prinz Clemens einigermaßen von seiner Krankheit hergestellt war, wurde wieder auf=gebrochen.

Um dem reconvalescenten Bruder mehr Schutz gegen die Einflüsse der Witterung zu gewähren, ließ Herzog Albrecht eine geschlossene Kutsche auf einem Schlitten befestigen und ihn mit diesem Vehikel nach Opatow befördern. Er selbst folgte mit der Begleitung und der Dienerschaft nach. Um nach Opatow zu gelangen, mußte man die Weichsel übersetzen. Es war aber bereits Thauwetter eingetreten, und das Wasser überfluthete das Eis an vielen Stellen. Eine Brücke war nicht vorhanden. Um die Gefahr des Einbrechens zu vermindern, wurden die leeren Wagen zuerst hinübergeschafft, während die einzelnen Personen auf kleinen Schlitten über den Fluß setzten. In Opatow war man abermals genöthigt, mehrere Tage wegen des Prinzen Clemens, welcher der Erholung bedurfte, zu verweilen. Von der Bevölkerung dieses Ortes, die sich auf ungefähr 10.000 Menschen belief, waren zwei Drittel Juden, die hauptsächlich vom Branntweinverkauf und vom Handel mit Pelzwaaren lebten.

Herzog Albrecht machte einige Einkäufe in letzterem Artikel und mußte die Bemerkung machen, daß er, obwohl er nur den zwanzigsten Theil von dem verlangten Preise zahlte, dennoch der Betrogene war.

Als Prinz Clemens reisefähig geworden war, begab man sich wieder auf den Weg. In Kozienice wurde Halt gemacht. Die Besitzung gehörte dem König, der hier öfters zu jagen pflegte. Die Lohnfuhrwerke, welche die Prinzen benützten, wurden von Juden geführt. Als man über die Brücke eines Mühlbaches fuhr, wurde der Wagen Albrechts umgeworfen, und er wäre in das Wasser gestürzt, wenn nicht ein starker Balken, der neben der Brücke über den Bach gezogen war, den Fall aufgehalten hätte. Mit Stricken und Ketten wurde der Wagen wieder mühsam auf die Brücke gehoben.

Nach mancherlei kleinen Unfällen langten die Prinzen endlich in Warschau an, wo ihnen der König eine Wohnung im königlichen Schlosse in der Krakauer Vorstadt (das »Sächsische Haus« genannt) anwies. Nach der langen Trennung hatten sie ihrem Vater gar Vieles mitzutheilen: ihre Erlebnisse während ihrer Gefangenschaft in Dresden, während ihres Aufenthaltes in Prag und Wien sowie auf ihrer Reise durch Ungarn und Polen.

Als Prinz Albrecht unter Anderem auch den Vorschlag der Kaiserin Maria Theresia erwähnte, machte der König zuerst eine scherzhafte Anspielung auf seine Absicht, sich dem geistlichen Stande widmen zu wollen, und stellte sich erstaunt über die Sinnesänderung. Prinz Albrecht rechtfertigte diese durch die seitdem veränderten Verhältnisse. Nachdem er sich einmal im Waffenhandwerk versucht habe, könne er sich nicht entschließen, dasselbe zu verlassen. Der König lenkte hierauf das Gespräch auf einen anderen Gegenstand und berührte dieses Thema während der ganzen Zeit des Aufenthaltes der Prinzen in Warschau nicht mehr. Ihre kurz darauf erfolgte Ernennung zu sächsischen General=

Lieutenants ließ jedoch schließen, daß er gegen die Standeswahl Albrechts nichts einzuwenden gedenke.

Bei ihrer Ankunft in Warschau konnten die Prinzen auch ihren älteren Bruder Karl, Herzog von Curland, begrüßen, der sich zum Besuche eingefunden hatte. Derselbe bewohnte das königliche Schloß mitten in der Stadt, den sogenannten »Sächsischen Palast«. Das Leben am königlichen Hofe bewegte sich von Tag zu Tag mit ziemlicher Einförmigkeit fort und wurde nur zeitweilig durch eine Wolfsjagd in dem eine halbe Meile entfernten Parke des Lustschlosses Mariemont unterbrochen. Der König verließ in der Regel seine Appartements nur, um in der Schloßkirche die Messe zu hören, und speiste täglich im engsten Kreise seiner Familie.

Viel lebhafter und bewegter war das Leben in den polnischen Adelskreisen. Die große Masse des Adels war in zwei Lager getheilt. Die Einen suchten in der Gunst des Hofes die Quelle ihres Wohlstandes, bewarben sich um Aemter und Würden, die der König zu vergeben hatte, oder suchten aus ihrer Verwandschaft mit dem Hause Brühl Nutzen zu ziehen; die Anderen, zu denen die reichen und mächtigen Familien gehörten, bedurften dieser zwar für sich selbst nicht, suchten sie aber für ihre Anhänger zu erlangen. Sie waren stets bereit dem Grafen Brühl auf den Reichstagen Opposition zu machen und wußten jeden die Erhöhung der Autorität des Königs bezweckenden Antrag zum Falle zu bringen. Unter ihnen gab es eine große Anzahl Männer von Geist und Bildung.

Die Prinzen hielten sich von diesem Partei-treiben gänzlich ferne und hatten sich deshalb in den Häusern des Hochadels der zuvorkommendsten und liebenswürdigsten Aufnahme zu erfreuen. Man stand in der Fastenzeit. Ein Theil des Adels befand sich bereits auf seinen Landsitzen; allein unter den Zurückgebliebenen hielten mehrere offenes Haus. Der Abend vereinigte stets eine glänzende Gesell-schaft von Herren und schönen geistreichen Damen, die in Bezug auf gesellige Talente und liebens-würdiges Wesen mit den Pariser Adelskreisen wett-eifern konnten.

»Gegen meine Erwartung«, erzählt der Herzog, »setzte ich mich durch eine Bemerkung, die ich eines Abends machte, bei den Damen in besondere Gunst. Wenn die Wiener Damen, sagte ich, den Geist und die Manieren der polnischen, und diese die Schönheit jener besäßen, dann wären sie Beide unwiderstehlich.«

Störend wirkte es, daß in diesen Adelsgesell-schaften die Politik eine große Rolle spielte und die Diskussion über dieses Thema mit einer anderwärts unbekannten Leidenschaft geführt wurde.

Die Stadt Warschau bot in jenen Tagen ein Bild der Gegensätze. In der nächsten Umgebung großartig angelegter Paläste mit durch Gitter ab-gesperrten Vorplätzen standen elende Hütten und baufällige Häuschen, wie im ärmsten Dorfe. Die Straßen befanden sich in einem trostlosen Zustande, so daß bei schlechtem Wetter die Wagen bis an die Achsen versanken und der Verkehr von einem Palais zum anderen oft mit den größten Schwierigkeiten verbunden war. Auch die Höfe der adeligen Wohnsitze und selbst des königlichen Schlosses waren ungepflastert und bodenlos. Es ereignete sich eines Tages, daß ein mit 6 Pferden bespannter Wagen, der während einer Festlichkeit im Schloßhofe wartete, nur mit großer Anstrengung aus dem inzwischen festgefrorenen Boden herausgezogen werden konnte. Das königliche Schloß allein besaß einen ausgedehnten Park, der auch als öffentliche Promenade benutzt wurde. In seiner Umgebung gab es kein nennenswerthes Gebäude. Das Schloß war ein weitläufiges Gebäude, aber in seinem Innern noch unfertig. Es machte jedoch durch seine Lage auf einer Anhöhe am Ufer der Weichsel, welche dasselbe in stattlicher Breite von der Vorstadt Praga trennt, einen mächtigen Eindruck, und man genoß von ihm eine prächtige Aussicht auf das umliegende Land.

Besondere Aufmerksamkeit schenkte Herzog Albrecht dem Militärwesen in Polen, das ein von anderen Staaten ganz verschiedenes Gepräge an sich trug. Man unterschied zwei Arten von Truppen: Soldtruppen und nationale. Die ersteren bestanden zum Theile aus Ausländern, welche seit August II. nach dem sächsischen Exercierreglement eingeübt waren und deutsches Commando hatten. Sie bildeten mehrere Regimenter, unter ihnen die königliche Garde-Infanterie, deren Chef Fürst Czartoryski war, und die Litthauische; die Garde-Cavallerie, welche damals Graf Poniatowski commandirte; die Regimenter der Königin, die der verschiedenen Großen des Reiches und das Artillerie-Regiment. Die Garde-Cavallerie war mit deutschen Pferden beritten und bildete eine schöne, stattliche Truppe. Die Gesammtzahl der Soldtruppen belief sich auf 20.000 Mann.

Die Zahl der nationalen Truppen konnte niemals mit Bestimmtheit festgestellt werden. Ihren Kern bildeten die Schlachtschützen (Szlachcie), der kleine Adel. In Friedenszeiten verrichteten sie in den Palatinaten den Dienst bei ihren Chefs. Sie bestanden nur aus Cavallerie u. z. aus schwerer — Husaren genannt — mit Helmen und einer Art von Mänteln, an die Adlerflügel geheftet waren. Neben dieser gab es eine weniger schwer bewaffnete Cavallerie (Pancerner). Die Hauptmasse bildete die in Pulke oder Regimenter formirte leichte Reiterei, deren Offiziere sich größtentheils im Gefolge der beiden Großcapitäne von Polen und Litthauen (Krongroßfeldherr und Großfeldherr) befanden, denen eine große Macht über dieselben eingeräumt war, und die außerdem eine Art Leibgarde unterhielten, welche sich in Litthauen auf nahezu 8000 Mann mit zahlreicher Artillerie belief. Ueberhaupt lebten die Großcapitäne wie kleine Souveräne, besaßen ihren eigenen Hofstaat, ihr eigenes Theater, eine italienische Oper u. s. w.

In seiner Eigenschaft als Kurfürst von Sachsen unterhielt der König gewöhnlich einen Pulk (Regiment) Uhlanen. Auch sächsische Truppen standen in Polen zum Dienste des Königs bereit und wurden aus den Revenüen der königlichen Güter besoldet. Damals kämpften dieselben im Solde der Kaiserin Maria Theresia und bestanden aus einem Regiment Carabiniers, drei Regimentern Chevau-légers und zwei Pulken Uhlanen. Die letzteren kamen größtentheils aus der Ukraine und zerfielen in Herren (Towarzysze),*) welche Lanzen trugen, und Domestiken (Poeztowy), die zu ihrem Dienste bestimmt und neben Säbeln und Pistolen noch mit einem Carabiner bewaffnet waren. In gefährlichen Zeiten wurde außerdem die Insurrection der Gemeinen (Landsturm) unter die Waffen gerufen.**)

Während der Anwesenheit des Herzogs Albrecht in Warschau spielte sich ein Liebesroman ab, der mit einer Heirat seinen Abschluß fand. Albrechts Bruder Karl, Herzog von Kurland, hatte sich in die Gräfin Krasinska verliebt, die als die erste Schönheit des Landes galt. Die Krasinski gehörten zu den ältesten und angesehensten Adelsfamilien in Polen. Der Herzog hatte die Krasinska im Hause ihrer Tante, der Fürstin Lubomirska, Palatine von Lublin, kennen gelernt. Seine Neigung fand Erwiderung, und die geistvolle Polin wußte mit ihrer zarten Hand so geschickt die Fäden auszuspinnen, daß der Herzog im Geheimen mit ihr eine Ehe einging,***) die dem König bis zu seinem Tode verborgen blieb, und wo-

---

*) Unter Towarzys verstand man gewöhnlich den schwer gerüsteten berittenen Edelmann.

**) Mémoires de ma vie etc.

***) Am 25. März 1760.

von auch Herzog Albrecht erst später Kenntniß erhielt.

Inzwischen nahte der Aufenthalt der Prinzen in Warschau seinem Ende. Die Eröffnung des Feldzuges stand in naher Aussicht, und diesem wollten sie nicht fern bleiben. Allein es stand noch immer die Zustimmung des Königs zum Eintritt in den Dienst der Kaiserin aus. Albrecht hoffte, daß sein Vater ihm diese beim Abschied ertheilen werde. König August berührte jedoch diese Frage mit keinem Worte, und Albrecht verließ mit nieder= geschlagener Miene das Appartement desselben. Im Vorzimmer traf er den Grafen Brühl und richtete an ihn die Frage, was er bei seiner Ankunft in Wien der Kaiserin sagen solle, worauf derselbe erwiderte, die Angelegenheit werde bei seiner Ankunft daselbst geordnet sein, er möge nur guten Muthes dahin abreisen. Diese Worte gaben ihm wieder Hoffnung, daß sich sein sehnlichster Wunsch der Erfüllung nahe, und in froher Stimmung trat er mit seinem Bruder Clemens die Rückreise an. Diesmal schlugen sie die Route über Krakau ein. Die erste Nacht brachten sie in Opoczno zu und nahmen am nächsten Morgen das Frühstück in Konskie beim Großkanzler Grafen Malachowski. Sie erreichten noch an dem= selben Tage Zarnowice, eine Besitzung des Oberst= stallmeisters Grafen Wielopolski, wo sie über= nachteten. Am dritten Tage nach ihrer Abreise von Warschau waren sie bereits in Krakau. Hier wurden sie vom Oberstlieutenant Grafen Hohenzollern und Major Vogt empfangen, welche von ihrer Ankunft bereits in Kenntniß gesetzt waren, und meldeten, daß sich zu ihrer Escorte ein Detachement von Cüirassieren und Dragonern auf dem halben Wege zwischen Krakau und Bielitz befände. Die Prinzen brachten den Abend in Gesellschaft der beiden Offiziere zu. Am folgenden Morgen fuhren sie mit ihnen bis Zator, bestiegen die hier von der Cavallerie-Escorte bereit gehaltenen Pferde und passirten hierauf die Sola. Der Fluß war in Folge des Thauwetters stark angeschwollen, so daß die Nichtberittenen genöthigt waren denselben auf Kähnen zu übersetzen. In der Nähe von Biala trennten sie sich von der Escorte, blieben die Nacht über in diesem Orte und setzten früh morgens ihre Reise über Teschen nach Troppau fort. Der nächste Tag findet die Prinzen schon wieder auf dem Wege nach Olmütz. Von hier gieng es weiter nach Brünn, wo sie einen Tag verweilten und beim Gouverneur von Mähren, Grafen Schrattenbach, zu Mittag speisten.

Bei ihrem Eintreffen in Wien befand sich der Hof bereits in Laxenburg, wo er jedes Jahr einige Wochen zur Zeit der Reiherbeitze zuzubringen pflegte. Die Kaiserin war von der Ankunft des Herzogs Albrecht und seines Bruders bereits unterrichtet und lud sie ein, an dem Jagdvergnügen theilzunehmen. Sie verweilten daher nur kurze Zeit in der Hauptstadt, hauptsächlich um sich mit dem sächsischen Gesandten, Grafen Flemming, wegen des Eintrittes Albrechts in das kaiserliche Heer zu besprechen. Herzog Albrecht stattete hierauf der Gräfin Mniszech einen Besuch ab. Die Gräfin war eine intrigante Natur und liebte es, ihre Hände überall im Spiel zu haben. So suchte sie auch bei dieser Gelegenheit den Herzog von seinem Entschlusse, seine Dienste der Kaiserin zu widmen, abzubringen und ihn zu bewegen, als Schwager des regierenden Königs*) in das spanische Heer einzutreten, wo ihm eine rasche Carrière in Aussicht stände. Albrecht verharrte jedoch auf seinem Vorhaben. Die Kaiserin, die davon erfuhr, übersandte ihm das Patent als General=Lieutenant und verlieh ihm das Cürassier= Regiment »Kalkreuth« (nunmehr »Albrecht«), dessen Inhaber zu seinen Gunsten verzichtet hatte.

Der Herzog befand sich in gehobener Stimmung, als er in Laxenburg ankam, um der Kaiserin seinen Dank für das ihm erwiesene Wohlwollen abzu= statten. Die kurze Zeit, welche die Prinzen auf dem kaiserlichen Lustschlosse zubrachten, war mit mannig= fachen Zerstreuungen ausgefüllt. Mit dem Morgen= grauen wurden die Pferde bestiegen, um mit dem Kaiser zu jagen. Nach der Rückkehr von der Jagd versammelte man sich in einem Gartenpavillon. Das Diner wurde bald im kaiserlichen Lustschlosse bald bei einem der höchsten Hofwürdenträger ge= nommen, welche während der Jagdzeit offenes Haus hielten. Nach dem Speisen fand gewöhnlich eine Ausfahrt der Kaiserin, der Erzherzoginnen und

---

*) Karl's III. geb. 20. Jänner 1716, vermählt den 19. Juni 1738 mit Maria Amalia Christine, der ältesten Schwester Albrechts, † 13. Dezember 1788.

der Hofdamen statt, um das Jagdergebniß zu be=
sichtigen, wobei die Cavaliere zu Pferde die Wagen
begleiteten. Nach der Rückkehr war Theatervorstellung
in einem eigens zu diesem Zwecke erbauten Ge=
bäude. Es war ein bewegtes Leben voll Reiz und
Abwechslung.

Mit schwerem Herzen trennten sich die Prinzen
von der kaiserlichen Familie. Allein die Eröffnung
des Feldzuges stand vor der Thür; eine höhere
Pflicht mahnte sie zum Aufbruche.

Die Reise von Wien nach Dresden, in dessen
Umgebung die kaiserliche Armee cantonirte, wurde
nur einige Male unterbrochen, um sich für einige
Stunden Ruhe zu gönnen. Mitte April (1760) trafen
die Prinzen in Dresden ein und stellten sich dem
Marschall Daun vor. Dem Herzog Albrecht lag
besonders daran, in das Wesen der Kriegführung
eingeführt zu werden und die Vorkehrungen zu
den Operationen kennen zu lernen. Dies glaubte
er auch ferner in der Umgebung des Höchst=
commandirenden am besten zu erreichen. Daun
nahm ihn bereitwilligst auf, da er bereits seinen
Eifer für den Dienst in dem letzten Feldzuge
kennen gelernt hatte, und gab ihm den Generalmajor
Grafen Franz Thurn und auf besonderen Wunsch
der Kaiserin, dessen Bruder Anton, Oberstlieutenant
und bisher sein Flügeladjutant, an die Seite,
um in den Truppendienst eingeführt zu werden.
Dem Herzog war dies ganz erwünscht; weniger
Beifall fand diese Zutheilung bei den in seiner
Suite befindlichen sächsischen Offizieren, besonders

bei Oberstlieutenant Stutterheim, einem äußerst geistreichen Manne. Sie betrachteten dieselbe als ein Mißtrauen gegen ihre Person und beklagten sich offen, daß man die beiden österreichischen Offiziere gleichsam zu Wächtern ihrer Handlungen mache. Nur das taktvolle Benehmen der Grafen Thurn vermochte die erhitzten Gemüther zu beruhigen und den Frieden wieder herzustellen.*)

Im Verlaufe des Winters waren von den Mächten wiederholt Versuche gemacht worden, die strittigen Fragen friedlich beizulegen, jedoch ohne Erfolg. Man traf daher nicht nur auf beiden Seiten Vorbereitungen zu einer energischen Kriegsführung, sondern es wurde zwischen den gegen Friedrich II. Verbündeten der Plan zu nach einem Ziele gerich= teten Operationen entworfen. Denn die bisherigen ermangelten der Einheit und des Ineinandergreifens der Bewegungen, so daß der König trotz der nume= rischen Ueberlegenheit seiner Gegner entscheidende Erfolge gegenüber den einzelnen erzielen konnte. Dies= mal sollte der Kampf hauptsächlich nach Schlesien hinüber gespielt, Schweidnitz und Breslau genommen werden. Zu diesem Zwecke wurde eine gleichzeitiges Vorrücken der Russen unter Soltykoff und der Oester=

*) Dem Grafen Franz Thurn=Valsassina (geb. 13. November 1718), wurde nach Beendigung des Krieges die Erziehung des Erzherzogs Leopolds, Großherzogs und späteren Kaisers, anvertraut. Er starb am 9. Februar 1766 als dessen Obersthofmeister. Sein Bruder Anton (geb. 19. September 1723, gest. 25. Jänner 1806) folgte ihm in dieser Würde.

reicher unter Laudon gegen Breslau beschlossen, während Daun den König, der am 25. April sein Hauptquartier nach Schlettau im Meißner Kreise verlegt hatte, beobachten und, falls derselbe nach Schlesien aufbräche, ebenfalls dahin eilen und ihm zuvorzukommen trachten sollte. Zur Deckung Sachsens war ein Corps unter dem Prinzen von Pfalz=Zweibrücken bestimmt. Die Schweden sollten gleich=zeitig gegen Berlin vorrücken und sich dann gegen die Elbe wenden. Die Franzosen waren noch zu keinem bestimmten Plane ihrer Operationen gelangt.

Um die Zeit, als Friedrich das Lager bei Schlettau bezogen hatte, brach Laudon aus der Umgebung von Trautenau auf, rückte in Schlesien ein, griff den bei Landshut stehenden General Fouqué, dem nur 8000 Mann zur Verfügung standen, mit überlegener Macht (30.000 Mann) von mehreren Seiten gleichzeitig an und schlug ihn vollständig (23. Juni 1760). Mehr als die Hälfte der Armee gerieth in die Gefangenschaft. Bereits am 25. um Mittag brachte Major Kaldvel die Siegesbotschaft in das Hauptquartier, wo sie auch Herzog Albrecht vernehmen konnte. Die nächste Folge dieses Sieges war die Eroberung von Glatz, das am 26. Juli mit Sturm genommen wurde.

Friedrich war auf die Nachricht von der Be=lagerung der Festung aus Sachsen aufgebrochen, über die Elbe gegangen, hatte ein österreichisches Corps unter Lacy, das ihm den Weg verlegte, zu=rückgeschlagen und seinen Marsch nach Schlesien fortgesetzt. Lacy und Daun setzten ihm jedoch nach.

Als der König die Niederlage Fouqué's erfuhr, machte er Halt, wendete sich gegen Lacy, der sich vor ihm über die Elbe zurückzog, und belagerte Dresden. Daun, der seinen Vormarsch fortgesetzt hatte, änderte nun ebenfalls seinen Plan und kehrte um. Die Preußen beschossen inzwischen vergeblich Dresden, das von General Maquire nachdrücklich vertheidigt wurde, da es den Oesterreichern gelungen war, Verstärkungen unter dem Prinzen von Pfalz-Zweibrücken in die Stadt zu werfen. Die Noth in derselben stieg indessen mit jedem Tage, die Wilsdruffer Vorstadt wurde niedergebrannt, und auch in der Altstadt fielen zahlreiche Gebäude dem verheerenden Elemente zum Opfer, unter denen sich auch die Kreuzkirche befand. Der kurfürstliche Park wurde verwüstet, ein großer Theil der schönen alten Bäume vernichtet und die herrlichen Statuen größtentheils zerstört oder verstümmelt. Friedrich II. soll während der Belagerung eines Tages in den Schloßpark gekommen und sehr erzürnt gewesen sein, als er bemerkte, daß die Soldaten das Kupfer-dach des Palastes herunter geschlagen hatten. Einer von ihnen soll sich mit der Bemerkung entschuldigt haben, sie hätten dies gethan, um dem König Metall zur Prägung schlechten Geldes zu verschaffen.*)

Die Bewohner Dresdens hatten alle Schrecken einer Belagerung zu erdulden, bis die Nachricht von der Einnahme der Festung Glatz Friedrich bewog, dieselbe aufzuheben. (30. Juli). Er zog in

*) Mémoires de ma vie.

Eilmärschen nach Schlesien, wo Laudon Breslau belagerte. In fünf Tagen erreichte er die Grenze, allein es gelang Daun, ihm zuvorzukommen, und Lacy folgte, so daß Friedrich mit seinem Heere in der Mitte Beider marschirte. Inzwischen wurde Breslau von Laudon hart bedrängt, aber vom General Tauenzien aufs Tapferste vertheidigt; und als Prinz Heinrich zum Entsatz heranrückte, zogen die Oesterreicher ab, um sich mit Daun zu ver= einigen. Dadurch wurden auch die Russen von dem Ueberschreiten der Oder abgehalten.

Nach der Vereinigung Laudon's mit Daun belief sich das kaiserliche Heer in Schlesien auf 100.000 Mann, dem Friedrich nur 30.000 ent= gegenstellen konnte, die bei Liegnitz concentrirt waren. Die Katzbach, ein Fluß, welcher durch die Aufnahme der »Wüthenden Neisse« und des Schwarzwassers ein starkes Gefälle besitzt, trennten die beiden Heere.

»Es bot ein erhebendes Schauspiel dar« be= richtet Herzog Albrecht, welcher sich, wie bereits bemerkt wurde, in der Umgebung Dauns befand, »die beiden Armeen, durch eine schmale Einsenkung getrennt, in einer Entfernung von 4000 bis 5000 Schritten in Schlachtordnung aufmarschiren zu sehen, ohne daß von einer Seite ein Schuß fiel. General Laudon, der mit seinen Truppen voraus= marschirte, rückte bis Koischwitz vor, wo er halten sollte, während wir (die Hauptarmee unter Daun) bei Hochkirch Stellung nahmen. General Nauen= dorf postirte sich zwischen Greibnig und Seifers= dorf und schob einige leichte Truppen bis Parch=

witz vor. Die übrigen Truppen waren folgender=
maßen vertheilt: General Beck deckte mit seinem
Corps das Centrum der Armee gegen Liegnitz,
eine Abtheilung unter General Ried den linken
Flügel. Lacy stand zwischen Nieder=Krain und
Läsnig und hatte ein Detachement unter General
Brentano auf dem linken Flügel gegen Rochlitz
vorgeschoben. Fast alle unsere Vorposten standen
längs der Katzbach, ein kleiner Theil jenseits der=
selben. Die Aufstellung unserer Armee sammt dem
Reservecorps und dem des Generals Laudon er=
streckte sich in zwei Linien von Groß=Janowitz und
Kosendau bis zum Teiche von Koischwitz. Das
Hauptquartier befand sich in Eichholz«.

»Das feindliche Heer stützte sich mit dem linken
Flügel auf Liegnitz und dehnte sich in drei Linien
gegen Rothkirch aus; die leichten Truppen standen
längs der Anhöhe an der Katzbach hinter Schimmel=
witz und Dornicht«.

»Im Hauptquartier bestand die Absicht, den
König in seiner Stellung anzugreifen, allein am
folgenden Morgen hatte er dieselbe verlassen. Man
glaubte anfangs, daß er gegen Steinau marschirt
sei, um sich Glogau zu nähern, und sandte einige
leichte Truppen zur Recognoscirung aus. Es ergab
sich aber, daß der König während der Nacht auf der
Straße von Goldberg abgezogen sei. Der Fall,
daß Friedrich uns von dieser Seite im Rücken
fassen könnte, war vorgesehen. Lacy sollte dann
die Höhen rückwärts der Stadt besetzen, um dem=
selben den Uebergang über die Katzbach zu ver=

legen und der Hauptarmee dadurch Zeit zum Her=
anrücken zu gewähren. In der sicheren Erwartung,
Lacy auf dem bezeichneten Posten zu finden, brach
Daun auf, war jedoch erstaunt, als bei seinem
Eintreffen im Thalweg der »Wüthenden Neisse«
Lacy eben erst das Lager verließ. Der König hatte
seinen Marsch vor der Wachsamkeit unserer leichten
Truppen so gut zu maskiren verstanden, daß er die
Katzbach in mehreren Colonnen zwischen Goldberg
und Kroitsch übersetzt und gleichzeitig den General
Brentano bei Rochlitz und Prausnitz angegriffen
hatte. Es gelang ihm sogar alle Anhöhen vor
diesen Orten zu besetzen. In dieser Lage blieb
nichts übrig als den Vormarsch der Armee ein=
zustellen, deren Tête schon die Défiléen der »Wü=
thenden Neisse« passirt hatte, und sie auf den An=
höhen hinter derselben aufzustellen, während Lacy
auf der Straße von Jauer den Rückzug nahm.
Allein letzterer hatte sich beim Herannahen des
Feindes gegen Nieder Krain zurückgezogen, weshalb
Daun, um die Straße von Jauer zu decken, schleu=
nigst die Grenadiere und Carabiniers über Schlaup
marschiren und die Höhen hinter diesem Orte be=
setzen ließ.«

»Das Corps Lacy's wurde zwischen Kolbnitz und
Hermannsdorf postirt; die übrige Armee lagerte sich
zwischen Schlaup und Peterwitz, wo sich auch das
Hauptquartier befand. Auf den Anhöhen hinter der
»Wüthenden Neisse« blieben nur einige kleine Ab=
theilungen Infanterie und Cavallerie; am folgenden
Tage (10. August) wurden sie von Laudon besetzt.«

»Während dieser Vorgänge auf unserer Seite hatte sich Friedrich mit der Armee in die Berge zwischen Prausnitz und Wolfsdorf geworfen und einen Theil davon bis Seichau vorgeschoben, ohne weiter vorzugehen. Dadurch konnte sich eine Abtheilung leichter Truppen des Generals Esterházy in dem Thalweg hinter dem genannten Orte mit dem Reste der leichten Truppen des Generals Brentano vereinigen. Die Generale Beck und Ried rückten inzwischen auf dem jenseitigen Ufer der Katzbach dem König nach. Am folgenden Tage (11.) änderte Friedrich abermals seine Stellung, während unsere Armee noch am 12. dieselbe beibehielt. Nur die Corps des F.M. Lacy und des Generals Brentano marschirten gegen Bölckenhayn, um die Communicationen mit Landshut zu unterhalten, wo sich unsere Dépôts befanden. Indessen wurde das Corps des Generals Brentano durch den General Ried ersetzt.«

»Bei der Armee des Königs war an diesem Tage eine große Bewegung zu bemerken. Die Zelte wurden abgebrochen und zahlreiches Geschütz auf die Anhöhe gebracht, welche die rechte Flanke der Aufstellung deckte. Indessen schien diese Veränderung hauptsächlich durch den Marsch des Corps Beck hervorgerufen worden zu sein. Wir wollten die günstige Gelegenheit unserer numerischen Ueberlegenheit nicht vorüber gehen lassen und den König angreifen. Der Erfolg wäre auch nicht ausgeblieben, wenn dies sofort geschehen wäre. Allein ohne eine vorherige Kenntniß des Terrains wagte man es nicht, etwas zu unternehmen. Deshalb wurde der ganze Tag mit Recognoscirungen und mit Dispositionen hingebracht. Dies benützte Friedrich, um während der Nacht auf Goldberg zurückzugehen, wo er die Katzbach überschritt. Unsere Hußaren folgten ihm bei Tagesanbruch des 13. auf dem Fuße, eroberten sogar mehrere Kanonen und machten einige Gefangene. Friedrich zog wieder auf demselben Weg, den er gekommen war, auf sein Lager bei Liegnitz zurück, und da dieser sehr nahe an der Katzbach dahinführte, ließ General Laudon, der dem Fluß am nächsten stand, ein Geschützfeuer eröffnen. Er forderte ferner den russischen General Soltykoff auf, ein Corps von 20.000 Mann bei Auras über die Oder zu setzen, das auch am 14. geschah. Um den Uebergang zu sichern, war General Rauendorf bereits mit einem Corps nach Parchwitz detachirt worden und wurde jetzt durch die Reserve Laudon's ersetzt.«

Noch wäre der Augenblick zum Angriff des Feindes günstig gewesen; allein abgesehen davon, daß die Dispositionen hiezu noch Zeit erforderten, verhinderte die weite Entfernung des Generals Lacy (der noch bei Völckenhayn stand) die Ausführung des Projectes, wodurch wieder ein Tag verloren ging. Der Angriff wurde daher auf den folgenden Tag verschoben und hiefür folgende Bestimmungen getroffen:

»Die Armee des Marschalls Dann, welche zunächst dem Feinde gegenüber stand, sollte beim Einbruch der Nacht aufbrechen, vor Tagesanbruch die

Katzbach bei Dohnau übersetzen und sofort den rechten Flügel der feindlichen Armee angreifen; General Laudon zwischen Klein=Schildern und Bienowitz den Fluß überschreiten und die Höhen von Panten und Pfaffendorf zur selben Zeit be= setzen, um den Feind sofort am linken Flügel an= greifen zu können. Das Corps des Generals Lacy hatte die Aufgabe in Eilmärschen aus der Umge= bung von Völckenhayn heranzurücken, die Katzbach bei Rochlitz zu übersetzen und den Feind im Rücken zu fassen, während General Beck und einige Re= gimenter des Generals Laudon vor der Front des Lagers diesseits des Flusses bleiben und Anstalten zum Vorrücken treffen sollten, um die Aufmerk= samkeit des Feindes auf sich zu ziehen. Außerdem waren diese Truppen bestimmt, eventuell den Rück= zug ins Lager zu sichern. Die Zelte und das Ge= päck wurden unter Escorte nach Jauer geschickt. Im Lager selbst blieben einige Tambours zurück, um gegen Mitternacht in der üblichen Weise die Trommel zu rühren und einige Soldaten, um die Wachtfeuer zu unterhalten.«

»Dann hatte die Vorrückung seiner Truppen in vier Colonnen angeordnet. Dieselbe erlitt jedoch eine derartige Verzögerung, daß man erst bei Ta gesanbruch jenseits der Katzbach anlangte. In= zwischen war Laudon von Friedrich mit Uebermacht angegriffen und geschlagen worden. Seine Nieder= lage wurde auf folgende Weise herbeigeführt: Der Marschall (Laudon) hatte bei Einbruch der Nacht den Marsch angetreten und die Katzbach in drei

Colonnen zwischen Klein-Schildern und Bienowitz bei der sogenannten Furtmühle überschritten. Die Stärke seines Corps betrug etwas über 15.000 Mann. Die Avantgarde desselben hatte eben vor Tagesanbruch die Höhen hinter Panten erreicht, als sie mit einem furchtbaren Artilleriefeuer empfangen wurde. Gleichzeitig wurde der linke Flügel von der feindlichen Cavallerie überrascht und seine Colonnen zersprengt. Zwar gelang es denselben sich wieder zu sammeln und auszuharren, bis der übrige Theil des Corps zur Unterstützung herbeieilte; bei Tages-anbruch machte jedoch Laudon die Wahrnehmung, daß er die ganze Armee des Königs vor sich habe und an beiden Flügeln mit Uebermacht angegriffen werde. Die ersten Angriffe wurden abgewiesen, ja sogar einige Kanonen erobert. Als aber immer neue Massen heranrückten, sah sich Laudon genöthigt, das Feld zu räumen und den Rückzug hinter die Katz-bach anzuordnen, der sich in verhältnißmäßig guter Ordnung vollzog.« *)

Der Verlust der Kaiserlichen war bedeutend, aber auch der Gegner hatte herbe Einbußen er-litten. Der Sieg über Laudon ermöglichte es Friedrich, sich Breslau zu nähern, die Vereinigung mit dem Prinzen Heinrich durchzuführen und so die österreichischen Streitkräfte von den russischen Truppen zu trennen, die sich auf die Nachricht von der Niederlage ihres Verbündeten über die Oder zurückzogen.

---

*) Mémoires de ma vie.

Da es Daun nicht gelungen war, die Ver=
einigung Friedrichs mit dem Prinzen Heinrich zu
verhindern, ließ er am 16. August das Heer auf=
brechen und den Weg nach Striegau nehmen, um
dem König die Communication mit Schweidnitz
abzuschneiden. Am 17. wurde der Marsch mit
Tagesanbruch fortgesetzt, das Hauptquartier nach
Conradswaldau verlegt und die Vorbereitungen
zur Belagerung von Schweidnitz getroffen, bei
denen Herzog Albrecht sich eifrig betheiligte.

Daun blieb noch den ganzen Monat August
in der Stellung vor Schweidnitz. Während dieser
Zeit traf die Nachricht von den Erfolgen des
Prinzen von Zweibrücken in Sachsen über die
Preußen unter General Hülsen ein. Friedrich war
indes zum Entsatz der Festung herangezogen und
hatte seine Truppen hinter dem Zoptenberg auf=
gestellt. Dies bewog den Marschall Daun die Armee
nach Kunzendorf abrücken zu lassen und in der
Umgebung eine feste Stellung zu beziehen, welche
es ihm möglich machte, im geeigneten Momente
den Gegner anzugreifen. Am 1. September rückte
der König gegen Schweidnitz und lagerte sich
zwischen der Festung und dem Dorfe Gräditz. Der
Monat September verlief mit einigen Scharmützeln,
die jedoch auf den Gang der Ereignisse keinen
Einfluß hatten. Bis zum 8. October verharrte
Friedrich in seiner Stellung. Zwei Tage vorher
hatte FM. Daun aus Anlaß der Vermählung des
Erzherzogs Joseph*) ein festliches Diner gegeben,

*) Des späteren Kaisers.

zu dem auch Herzog Albrecht und sein Bruder geladen waren. »Ich und mein Bruder speisten gestern«, so schreibt der Herzog am 7. October, »beim Marschall Daun, der uns eingeladen hatte, weil an diesem Tage die Vermählung des Erz= herzogs Josef in Wien stattfand. Was wir über die Festlichkeiten anläßlich dieser Hochzeit ver= nahmen, ließ unser Leben in einem merkwürdigen Gegensatze hiezu erscheinen. Während wir alle Un= bilden der Jahreszeit zu ertragen hatten und Tage hindurch im aufgeweichten Boden waten oder uns schlagen mußten, entfaltete die müßige Gesellschaft in der Hauptstadt bei dieser Gelegenheit einen übertriebenen Luxus und einen ungewöhnlichen Prunk und war weit mehr mit den augenblicklichen Fest= lichkeiten als mit unseren Operationen beschäf= tigt. Indes der Ruhm und die Ehre, welche mit diesen verbunden sind, drängte alle anderen Ge= danken in den Hintergrund, und ich war mitten unter den Beschwerlichkeiten des Krieges vielleicht glücklicher als die, welche die Ruhe und Vergnü= gungen der Stadt genossen.«

In der ersten Hälfte des Monats October wurde Berlin zuerst von den Russen und hierauf von den Oesterreichern besetzt. Beim Herannahen Friedrichs, der ein Corps unter General Goltz in Schlesien zur Beobachtung der Oesterreicher zurückgelassen hatte, verließen dieselben jedoch am 12. October die Stadt. Auf diese Nachricht, wen= dete sich Friedrich, dem Marschall Daun nach= rückte, nach Sachsen, überschritt bei Dessau die

Elbe, vereinigte sich mit den Generalen Hülsen und Eugen von Württemberg, zog vor Düben, das er mit 5000 Mann besetzte und mit Redouten befestigte.

Friedrich war fest entschlossen, Sachsen wieder in seinen Besitz zu bekommen, was Daun mit allen Mitteln zu verhindern suchte. Noch war Dresden und das ganze südliche Sachsen in den Händen der Oesterreicher, und der Winter nahte heran. Daun hatte bei Torgau ein festes Lager bezogen. Dieses griff Friedrich am 3. November (1760) an, wurde aber mit einem so überwältigenden Geschützfeuer empfangen, daß seine Truppen auf der ganzen Linie zurückweichen mußten. In diesem mörderischen Kampfe war Friedrich leicht und Daun am Schenkel schwer verwundet worden. Im kaiserlichen Heere zweifelte man nicht an dem Siege, und Daun sandte eine Botschaft in diesem Sinne nach Wien. Allein noch war General Ziethen mit seinem Corps intact. Es gelang ihm die Süptitzer Höhen zu erstürmen und das Dorf Süptitz zu nehmen, von wo aus er ein mörderisches Feuer auf die Oesterreicher eröffnete und sie zum Weichen brachte. In diesem kritischen Momente griff General Lacy mit 20.000 Mann ein und versuchte zweimal die Süptitzer Höhen wieder zu erobern, was ihm jedoch nicht gelang. Daun trat hierauf den Rückzug auf dem rechten Ufer der Elbe an, von dem Friedrich jedoch erst am Morgen Kenntniß erhielt.

Die Verluste in dieser Schlacht waren auf beiden Seiten ungewöhnlich groß, und der Sieg von

Seiten Friedrichs schwer erkauft worden. An der Seite des Herzogs Albrecht waren der Major der sächsischen Garde d'Alton und der Artillerie-Lieutenant Fielke verwundet worden; die Prinzen selbst blieben jedoch, obwohl sie sich wiederholt mitten im Feuer befanden, unversehrt. Dann war genöthigt sich zur Heilung seiner Wunde nach Wien zu begeben. Während seiner Abwesenheit führte General O'Donnell das Obercommando. In Folge dieses Sieges gelangte Friedrich, mit Ausnahme der Hauptstadt und des südlich davon gegen das Erzgebirge gelegenen Landstrichs, wieder in den Besitz von ganz Sachsen. Niemand beklagte dieses Schicksal mehr, als Herzog Albrecht, der es mitansehen mußte, wie sein geliebtes Land mit schweren Kriegscontributionen belegt wurde. Leipzig allein mußte 800.000 Thaler bezahlen. Aus dem schönen Schloß Hubertsburg ließ Friedrich als Repressalie für die Plünderung von Charlottenburg durch kaiserliche und sächsische Truppen alle Einrichtungsstücke wegschaffen und Alles zerstören, was nicht fortgetragen werden konnte. Nur die Kapelle blieb verschont.

Das Hauptquartier der kaiserlichen Truppen wurde nun auf das linke Elbeufer nach der Wilsdruffer Vorstadt von Dresden verlegt, das Dorf Plauen, die an die Vorstädte anstoßenden Gärten und Mühlen sowie das Défilé von Dippoldiswalde besetzt. Friedrich lagerte mit seinem Heere auf den Anhöhen zwischen Steinbach und Kesselsdorf, bezog jedoch schon am 18. November eine Stellung zwischen Wilsdruff und Meissen. Die beiden krieg führenden Theile standen somit nach der Schlacht bei Torgau ungefähr auf demselben Standpunkte wie vordem.

Indessen war der Winter hereingebrochen, und die Heere wurden zur besseren Verpflegung dislocirt. Die Zeit der Ruhe benützten Herzog Albrecht und sein Bruder abermals, um sich nach Wien an den Hof der Kaiserin und von dort aus zu ihrem Vater nach Warschau zu begeben. In der zweiten Hälfte des Monats Dezember verließen sie Dresden und hielten sich auf der Durchreise in Prag auf, wo liebe Erinnerungen aus dem vorigen Jahre sie einige Tage fesselten. Kurze Zeit nach ihrer Ankunft in Wien wurde Albrechts Bruder Clemens von der Gicht befallen, an der er schon im vergangenen Winter litt. Bald gesellte sich ein hitziges Fieber und der Scharlach hinzu. Der Prinz schwebte mehrere Tage hindurch in Todesgefahr, was den Herzog Albrecht in die größte Bestürzung versetzte, umsomehr als ihm die Aerzte aus Besorgniß vor der Ansteckung nicht gestatteten, in der Nähe seines Bruders zu weilen. Bei Hofe wurde Albrecht mit demselben Wohlwollen empfangen wie im vergangenen Jahre. Alles trug noch von der Vermählung des Erzherzogs Josef her einen festlichen Charakter an sich. Die Vergnügungen des Carnevals wurden diesmal durch den Tod des Erzherzogs Carl,*) jüngeren Bruder Josefs, gestört. Der Prinz stand

---

*) Starb den 18. Jänner 1761.

87

im 17. Lebensjahre und berechtigte zu den schönsten Hoffnungen. Er besaß einen lebhaften und beweglichen Geist, rasche Auffassung und war der Liebling der kaiserlichen Familie. Seine Neigung zur Medisance und Spottsucht machte ihn jedoch in den Kreisen der Gesellschaft weniger beliebt.

Kurz nach seiner Ankunft in Wien wurde Herzog Albrecht der jungen Gemahlin des Erzherzogs Joseph vorgestellt und ist von deren Liebenswürdigkeit entzückt. »Diese Frau«, schreibt er, »reißt in der That jeden zur Bewunderung hin. Kaum 20 Jahre alt und ausgestattet mit allen Eigenschaften eines edlen Herzens besitzt sie außerdem noch so ausgebreitete und hervorragende Kenntnisse, wie man dieselben nicht bei einem jungen Manne von vollendetster Bildung und Erziehung findet. Ihre Mutter, Infantin von Parma und eine geborene Prinzessin von Frankreich, hatte ihr eine sorgfältige Erziehung angedeihen lassen und sich bemüht, ihren Charakter zu bilden. Sie ließ sie nicht nur in jenen Zweigen der Wissenschaft, welche einer Frau von ihrem Range nothwendig sind, sondern auch in Mathematik, Physik und Taktik unterrichten. Die junge Gemahlin des Erzherzogs besaß überdies ein ausgesprochenes Talent für Musik und Malerei. Sie spielte mit künstlerischer Vollendung die Violine und malte mit Geschmack und Verständniß. Sie leitete mit vielem Geschick persönlich die Arbeiten der von ihr beschäftigten Mechaniker und Kunsthandwerker. Daneben hatte sie eine außergewöhnliche Gewandtheit in der schriftlichen Darstellung. Ich besaß von ihr mehrere Abhandlungen über Moral, Politik und andere Gegenstände, die leider im Jahre 1792 bei einem Schiffbruche verloren gegangen sind.*) Mit ihren Schwägerinnen verglichen, konnte sie nicht schön genannt werden; auf ihrem Antlitz war ein melancholischer Zug zu bemerken, ihre Rede war stets reservirt. Trotz ihres Bemühens heiter zu erscheinen, vermochte sie eine gewisse Neigung zum Trübsinn nicht zu verbergen. Sie schien nicht glücklich zu sein, obwohl sie dies selbst den vertrautesten Personen gegenüber mit keinem Worte merken ließ. Eine besondere Vorliebe hatte sie für die jüngere ihrer Schwägerinnen.«**) — Dies ist jene Prinzessin, welche die Bewunderung des Herzogs Albrecht bei seinem ersten Aufenthalt in Wien vor einem Jahre erregt hatte, und bei der er damals zu bemerken glaubte, daß ihr seine Person nicht unsympathisch sei. Er war jedoch weit entfernt, dem Gedanken an eine Verbindung mit der reizenden Erzherzogin Raum zu geben. Ueberdies zerstörte die Mittheilung eines Freundes, die Erzherzogin habe eine Neigung zum Prinzen Ludwig von Württemberg gefaßt, und die Beobachtung, welche er hier-

---

*) Als Herzog Albrecht mit seiner Gemalin Maria Christine die österreichischen Niederlande verlassen mußte, wurden die werthvollsten Sachen auf ein Schiff geladen, um nach Hamburg, und von dort weiter nach Wien befördert zu werden. Dieses Schiff war jedoch gescheitert, und der größte Theil der Ladung gieng zu Grunde.

**) Erzherzogin Marie Christine.

über selbst anstellte, im Keime die Hoffnung, der er sich einen Augenblick hingegeben hatte, die aber später doch in Erfüllung gehen sollte.

Prinz Ludwig war zum ersten Male im Jahre 1759 an den kaiserlichen Hof gekommen und seine Anwesenheit schien nicht ohne Eindruck auf die Prinzessin geblieben zu sein. Denn der Prinz be= saß Eigenschaften, die ein jugendliches Herz leicht bestechen konnten. Freilich erwiesen sich dieselben bei näherer Betrachtung als Schein und Trug. Prinz Ludwig hatte seine Erziehung in Berlin ge= nossen und dann längere Zeit in Paris gelebt, wo er sich in der glänzenden Gesellschaft des Hofes die einschmeichelnden Formen im Umgange, aber auch alle Fehler und Laster derselben zu eigen gemacht. Obwohl er jedes moralischen Haltes ent= behrte, seine Irreligiosität sich bis zum Atheismus verstieg und er sich gegenüber von Personen, bei denen er dadurch einen vortheilhaften Eindruck zu machen glaubte, gern als einen sogenannten starken Geist gerirte, verstand er es, sofort, wenn er es für sein Interesse hielt, die entgegengesetzte Seite heraus zu kehren und sich als Partisan der Religion und Moral hinzustellen. Die Künste der Intrigue, die oft zum Ziele führen, wußte er meisterhaft zu üben. Er hatte in der französischen Armee den Rang eines General-Lieutenants inne gehabt und mit dem Herzog von Richelieu im Jahre 1756 an der Belagerung des Forts St. Philipp auf Minorca theilgenommen. Anfangs des Jahres 1757 trat er in kaiserliche Dienste und

machte den Feldzug gegen Preußen als Volontär
mit. Der Prinz befand sich diesmal gleichzeitig
mit Herzog Albrecht in Wien, was die trübe Ge=
müthsstimmung, in welcher sich der letztere in Folge
seiner Wahrnehmungen befand, nur noch erhöhen
mußte. Die Abreise nach Warschau zum Besuche seines
Vaters verscheuchte zwar einigermaßen diese trüben
Gedanken, doch bedrückte ein neuer Kummer sein
Gemüth, indem er seinen Bruder krank in Wien
zurücklassen mußte. — Zur Zeit, als sich Albrecht in
Wien befand, war die Stelle des Hoch= und Deutsch=
meisters unbesetzt, und der Herzog glaubte, sich um
dieselbe bewerben zu sollen, erhielt aber von der
Kaiserin einen abschlägigen Bescheid*), welche diese
hohe Würde bereits ihrem Schwager, dem Herzog
Karl von Lothringen, zugedacht hatte.

Die Reise Albrechts gieng diesmal über Krakau.
Wie im vorigen Jahre traf er zur Fastenzeit in War=
schau ein. Von seinem Brüdern war diesmal keiner
anwesend. Dies hatte zur Folge, daß er täglich mit
seinem Vater speiste und verkehrte, außerdem aber
noch Zeit gewann, sich dem Studium der Militär=
wissenschaften zu widmen. Gleichzeitig begann er
die Abfassung der Memoiren über den letzten Feld=
zug. Diese fanden später ihre Fortsetzung und sind
noch im Manuscript vorhanden.**) Er nahm sich

*) Derselbe ist vom 27. März 1761 datirt und trägt
die eigenhändige Unterschrift der Kaiserin. E. A. A.
**) Sie befinden sich in der Erzherzoglich Albrecht'schen
Bibliothek unter dem Titel: Mémoires sur les quatre dernières Campagnes du Maréchal Daun. 4 Vol. Fol. MS.

dabei die Memoiren des Marschalls von Luxem=
burg von Chevalier Beauvain zum Muster, die
kurz vorher im Drucke erschienen waren.

Nach Ablauf der Fastenzeit wurde die Rück=
reise nach Wien angetreten. Albrecht verweilte einige
Tage in Krakau, besichtigte unter Anderem das
königliche Schloß, die Kirche, in welcher die pol=
nischen Könige gekrönt wurden und sich deren
Grabstätten befinden, und machte einen Ausflug
in die nahe gelegenen Salzbergwerke Wieliczka
und Bochnia. Seine Wohnung hatte er beim Gou=
verneur der Stadt genommen, General Notter=
mund, Commandant des schönen Artillerie-Regi=
ments des Königs, dessen Inhaber Graf Brühl war.

Bei der Ankunft in Wien fand der Herzog
seinen Bruder Clemens wieder vollkommen hergestellt.
Allein in seinem inneren Wesen war eine Verän=
derung vorgegangen. Seine frühere Vorliebe für
den Militärdienst war geschwunden, seine Gedanken
bewegten sich in einer ganz entgegengesetzten Rich=
tung. Der geistliche Stand schien ihm nun für
seine Veranlagung und unter den obwaltenden
Familienverhältnissen, wo ihm als jüngstem Sohne
auf einer andern Lebensbahn wenig Aussicht ge=
boten war, der geeignetste zu sein; und Herzog
Albrecht konnte seinen Entschluß nur gutheißen.
Es galt nun auch den König von der Standes=
wahl seines jüngsten Sohnes in Kenntniß zu setzen.
Die Prinzen verweilten deshalb nur kurze Zeit in
Wien und trennten sich dann. Clemens eilte nach
Warschau, um sich für seinen neuen Beruf vor=

zubereiten; Albrecht begab sich nach Dresden zur Armee des Marschall Daun. Diese hielt ungefähr dieselben Quartiere besetzt, wie im Winter des vorigen Jahres. Friedrich war dagegen, wie schon oben bemerkt wurde, im Besitze von ganz Sachsen mit Ausnahme von Dresden, und des südlichen an Böhmen grenzenden Landstriches. Durch die Raschheit und Kühnheit seiner Manöver war es ihm gelungen, drei Armeen gegenüber Stand zu halten und die Anschläge seiner überlegenen Gegner zu vereiteln. Der Grund hiezu ist vorzugsweise in der Meinungsverschiedenheit der Generale und schließlich auch in der politischen Rivalität zu suchen. Nach dem in Wien entworfenen Plane sollte der nächste Feldzug die Entscheidung herbeiführen. Das Hauptaugenmerk war auf Schlesien gerichtet, das diesmal erobert werden sollte. Deshalb wurde das im Glatzischen stehende Heer Laudon's auf 72.000 Mann verstärkt; der russische General Butturlin rückte mit 60.000 Mann heran, und Daun blieb in Sachsen, um weitere Fortschritte der Preußen zu verhindern sowie im geeigneten Augenblicke die Offensive zu ergreifen.

Um die Eroberung Schlesiens zu vereiteln, überließ Friedrich die Beschützung Sachsens seinem Bruder Heinrich und zog mit der Hauptmacht im Frühjahre nach Schlesien. Am 20. März (1761) stand er bei Löwenberg. Durch geschickte Manöver wußte er Monate hindurch die Vereinigung der Oester= reicher mit den Russen zu verhindern, am 12. August kam dieselbe aber dennoch (bei Striegau) zu Stande.

Die Streitkräfte der beiden Verbündeten beliefen sich jetzt auf 130.000 Mann, denen Friedrich nur 50.000 Mann entgegenstellen konnte. Um sich gegen die Uebermacht zu behaupten, bezog er ein Lager bei Bunzelwitz, unweit Schweidnitz und ließ dasselbe in aller Eile derart befestigen, daß Butturlin trotz Laudon's Drängen zu einem Angriffe nicht zu bewegen war und schließlich nach Zurücklassung eines Corps von 20.000 Mann unter Czernitscheff über die Oder zurückging, um den Einfällen der Preußen, welche im Rücken seiner Armee stattfanden, Einhalt zu thun. Mangel an Lebensmitteln veranlaßte Friedrich indessen seine Stellung zu verlassen und sich nach Münsterberg zurückzuziehen. Kaum war dies geschehen, als Laudon sein Lager verließ, Schweidnitz überfiel und in der Nacht vom 30. September zum 1. October erstürmte. Die Einnahme der Festung rief im Heere des Königs eine allgemeine Bestürzung hervor.

Herzog Albrecht befand sich während dieser Vorgänge bei dem Heere Daun's in Sachsen und betheiligte sich an den Kämpfen desselben gegen den Prinzen Heinrich und die Generale Seydlitz und Kleist. Der größte Theil der preußischen Truppen in Sachsen stand zwischen Meißen und den »Katzenhäusern.« In Leipzig lag eine starke Garnison. Verschiedene Detachements stellten die Verbindung der einzelnen Corps her und deckten zugleich die zur Verpflegung seines Heeres errichteten Magazine.

Auf die Nachricht von den Erfolgen der kaiserlichen Armee in Schlesien beschloß Daun, der sich

bisher beobachtend verhalten, die Offensive zu er=
greifen. Am 18. October überschritt General Hadik
mit einem starken Corps die Mulde, rückte bis
Freiberg vor, in dessen Umgebung er bis anfangs
November in einer befestigten Stellung verblieb.
Als zu dieser Zeit Verstärkungen aus Schlesien
eintrafen, erhielt Hadik den Befehl die auf dem
linken Ufer der Mulde zwischen Nossen und Roß=
wein postirten feindlichen Truppen anzugreifen.
Nachdem es geglückt war diese zu vertreiben, wurde
der Fluß bis an die Striegis besetzt. Am 6. ließ
General Hadik mit zwei getrennten Corps einen
Vorstoß unternehmen, um über die Stellung des
Gegners Aufklärungen zu erhalten. Das eine davon
wurde dem Herzog Albrecht anvertraut, der dadurch
zum ersten Male ein selbstständiges Commando
erhielt, das andere commandirte General Campitelli.
Hadik selbst schlug mit dem Rest der unter ihm
stehenden Truppen sein Hauptquartier in Freiberg
auf. Herzog Albrecht rückte an demselben Tage
gegen Haynichen vor, vertheilte seine Truppen in
die umliegenden Dörfer und stellte Vorposten an
der Striegis und in den um Nossen gelegenen
Wäldern auf. Seine Absicht war, den unter ihm
stehenden General Zedtwitz zu unterstützen, der am
7. die Striegis überschritten hatte und gegen Döbeln
vorgerückt war. Nach einigen Scharmützeln mit den
feindlichen Vorposten in der Umgebung von Roß=
wein ließ Albrecht bei Etzdorf und Roßwein Feld=
schanzen anlegen und von hier aus wiederholt
Vorstöße gegen den Feind unternehmen, der jedoch

jedem ernstlichen Kampfe auswich). Dies ließ den Herzog vermuthen, daß die Armee des Prinzen Heinrich im Verlaufe der letzten Zeit große Verluste erlitten haben müsse. Es stellte sich auch heraus, daß Krankheiten und Desertion dieselbe sehr geschwächt hatten. Allein plötzlich rückte General Seydlitz gegen Döbeln vor, besetzte die Stadt und die umliegenden Höhen und drohte, die Kroaten, welche die über die Mulde führende Brücke vertheidigten, zu vertreiben, was jedoch durch das Eingreifen der Artillerie des Herzogs vereitelt wurde. Als derselbe noch Verstärkungen heranzog, versuchte Oberst Kleist, der die Avantgarde commandirte, Unterhandlungen wegen eines Waffenstillstandes anzuknüpfen. Der Herzog ging auf diesen Vorschlag nicht ein, da er merkte, daß es dem Gegner nur darum zu thun sei, Zeit zu gewinnen, und ließ demselben durch Oberst Gemmingen mittheilen, daß er das Feuer sofort wieder eröffnen lassen würde, falls er die Stadt nicht räume. Diese entschiedene Antwort hatte zur Folge, daß die feindlichen Truppen nicht nur die Stadt verließen, sondern sich hinter die Anhöhen zurückzogen und nur einige Posten längs des jenseitigen Ufers der Mulde zurückließen. Auf diese Weise blieb Herzog Albrecht Herr des linken Ufers des Flußes bis zum Einflusse der Zschopau in denselben.

Da der Eintritt der rauhen Jahreszeit weitere Operationen verhinderte, traf der Herzog Anstalten die Truppen in die Winterquartiere zu verlegen. Die Cavallerie kam zur besseren Verpflegung ins

Altenburgische. Zur Behauptung der gewonnenen Stellung rückten Verstärkungen vom Hadik'schen Corps herbei. Die Position, welche Hadik und der Herzog einnahmen, war derart, daß dadurch nicht nur das ganze Erzgebirge und das Voigtland gedeckt, sondern auch die zwischen Erfurt und der Elster stehende Reichsarmee eine Stütze fand.

FM. Daun hatte seine Winterquartiere zwischen der Mulde und Elbe aufgeschlagen. Auf dem rechten Ufer der Elbe stand Lacy. Die verbündete französische Armee war um dieselbe Zeit in Hannover und Braun= schweig postirt und hatte ihren rechten Flügel bis Thüringen vorgeschoben. Das Commando über letzteren führte der Bruder Albrechts, Prinz Xaver. Der Herzog benützte daher die Zeit des Waffen= stillstandes zu einer Zusammenkunft mit ihm. Die Brüder trafen sich in Rudolstadt, der Residenz des Prinzen von Schwarzburg-Rudolstadt. »Ich hatte bei diesem Anlasse Gelegenheit«, schreibt Albrecht über diesen Besuch, »den ganzen Aufwand von großartigem Prunk eines der kleinen Höfe Deutsch= lands zu sehen, der mit den vorhandenen Mitteln nicht im Einklange stand. Der regierende Fürst kam mit einem großen Gefolge in unsere bescheidene Wohnung, um uns einen Besuch abzustatten. Wir mußten ihm sofort in unserer delabrirten Reise= kleidung in das Schloß folgen, wo er uns seine ganze Familie vorstellte und hierauf ein glänzendes Diner gab, während dessen eine Musikcapelle con= certirte. Bei Tische erzählte mir eine Prinzessin, — was mir unvergeßlich bleiben wird — daß eines ihrer Sommervergnügen wäre, in einem abgelegenen Gartenpavillon mit den Cavalieren des Hofes so recht nach Herzenslust Tabak zu rauchen.«

Nach kurzem Aufenthalte in Rudolstadt trennten sich die Brüder wieder. Prinz Xaver begab sich in sein Hauptquartier nach Würzburg, während Herzog Albrecht nach Kemnitz zurückkehrte, wo sich das Hauptquartier seines Corps befand. Bald darauf stattete er dem General Hadik in Freiberg einen Besuch ab, um sich dann dem Marschall Daun in Dresden vorzustellen und um einen Urlaub anzusuchen, denn er gedachte die noch übrige Zeit der Waffenruhe zu einem abermaligen Besuche seines Vaters in Warschau zu verwenden, zuvor aber die kurprinzliche Familie, die sich während des Krieges in München niedergelassen hatte und ihn zu sehen wünschte, aufzusuchen. Auf dem Wege dahin verweilte er einige Tage in Prag. Seine Ankunft in München war für die ganze Familie ein Freudenfest. Von seinem Schwager, dem Kurfürsten, und seiner Schwester, dessen Gattin, mit Liebenswürdigkeiten überhäuft, hatte er außerdem das Vergnügen, seinen Bruder Clemens, den Neutonsurirten, in voller Gesundheit anzutreffen.

Das Leben am bayrischen Hofe bot zu jener Zeit einen besonderen Reiz dar. Die Sitten streiften an jene in Versailles. Zwar konnte das häusliche Leben des Kurfürsten selbst musterhaft genannt werden, allein unter den Herren und Damen des Hofes gehörten galante Abenteuer zum guten Ton. Es war eine feststehende Sitte, daß jede Dame ihren erklärten Verehrer hatte. Reichten die Cavaliere des Landes nicht hin, so griff man zu fremden, die sich gerade in München aufhielten. Auch dem Herzog Albrecht fiel während seiner Anwesenheit die Rolle eines solchen Amants zu. Er wurde der Chevalier einer der schönsten und reizendsten Damen des Hofes, die augenblicklich eines Cicisbeo entbehrte. Die Dame war verheiratet, von ihrem Manne jedoch vernachlässigt, der galanten Abenteuern nachgieng. Sonderbarer Weise spielte er aber diesmal, wo er am wenigsten Grund dazu hatte, den Eifersüchtigen.

Herzog Albrecht versäumte nicht während seines Aufenthaltes am Münchener Hofe die Sehenswürdigkeiten der Stadt und der Umgebung, die Schlösser Nymphenburg mit seinen schönen Parkanlagen, Schleißheim mit seiner Gemäldegallerie, das Jagdschloß Fürstenried u. A. zu besichtigen. Jede Woche war am kurfürstlichen Hofe großes Concert und bal masqué, da man sich im Carneval befand. Allein so mannigfaltig die Zerstreuungen waren, die dem Herzog geboten wurden, sie waren doch nicht im Stande, die Sehnsucht, seinen Vater zu sehen, zu unterdrücken. Er verließ daher mitten im Carneval das festliche Treiben und eilte nach Wien, von wo er sich, nachdem er sich den kaiserlichen Majestäten vorgestellt hatte, nach Warschau begab. Der Carneval neigte sich dem Ende zu, als er in der Residenz seines Vaters eintraf. Er fand diesmal, wie vor zwei Jahren, seinen Bruder, den Herzog von Curland, in Warschau und hatte noch

Gelegenheit, zwei Redoutenbälle zu besuchen. Auf den Rath seines Bruders hatte er dies ohne Wissen seines Vaters gethan. Da traf es sich denn, daß der König, der früh aufzustehen pflegte, ihn bemerkte, als er eben von einem Balle zurückkehrte. Er ließ ihn sofort rufen, lud ihn ein, mit ihm zu frühstücken und entließ ihn hierauf mit einigen scherzhaften Bemerkungen über seine nächtliche Expedition, indem er hinzufügte, er habe es in seiner Jugend ebenso gemacht. *)

Der Schluß des Carnevals war diesmal in Warschau besonders glänzend; denn da der Reichstag in nächster Zeit eröffnet werden sollte, hatte sich der Adel zahlreich eingefunden, darunter die ersten Familien des Landes. Herzog Albrecht hätte gern der Eröffnung des Reichstages beigewohnt, allein der Beginn des Feldzuges stand in naher Aussicht; so begnügte er sich an dem feierlichen Gottesdienste, der aus diesem Anlasse stattfand, theilzunehmen. Der König und sein Gefolge fuhren in Galawagen zur Kirche, begleitet von einer Schaar von Edelleuten zu Pferde. Die Großen des Reiches entfalteten bei dieser Gelegenheit eine wahrhaft orientalische Pracht. Zu beiden Seiten ihrer Wagen ritten auf reichgeschirrten Pferden die von ihnen abhängigen kleinen Edelleute. Einige Grandseigneurs, wie der Obersthofmarschall Bilinski, besaßen das Vorrecht, sich von ihren eigenen Garden begleiten zu lassen.

---

*) Mémoires de ma vie.

Eines Tages wurde Herzog Albrecht von der Gräfin Mniszech durch die Mittheilung überrascht, daß Prinz Ludwig von Württemberg wegen einer Intrigue Wien verlassen mußte. Dies erfüllte ihn einerseits mit Genugthuung, andererseits wurde er aber von tiefem Mitgefühl für die Erzherzogin ergriffen, der er in wahrhaft uneigennütziger Weise ergeben war, und deren Gemüt unter diesem Vorfalle leiden mußte.

Kurz nach Ostern verließ Albrecht Warschau. Es war das dritte Mal, daß er über die weiten, noch mit Schnee bedeckten Ebenen dahinfuhr. Auf dem Wege nach Krakau hielt er sich einige Stunden in Zabiawola auf, wo der Generalpostmeister, Marschall von Biberstein, der schon unter seinem Großvater gedient, ein reiches Frühstück gab. Biberstein war ein gewaltiger Zecher, der wie immer, so auch bei dieser Gelegenheit die ganze Gesellschaft siegreich mit dem Becher bekämpfte.

In Krakau gedachte der Herzog sich einige Tage Ruhe zu gönnen. Allein kaum war er angekommen, als er Einladungen vom Bischof und der Familie Wielopolski erhielt. Eine Reihe von rauschenden Festen, Diners, Soupers und Bällen hielt ihn abermals mehrere Tage in steter Aufregung.

Herzog Albrecht reiste diesmal, ohne Wien zu berühren, nach Olmütz und von dort nach Glatz, wo er sich Mitte Mai (1762) dem Marschall Daun vorstellte, der am 12. das Commando über die Armee in Schlesien übernommen hatte. Unter ihm sollte Albrecht eine selbstständige Verwendung finden.

101

Die Aussichten der kaiserlichen Armee für den kommenden Feldzug waren die glänzendsten. Nach der Einnahme von Schweidnitz besaß sie eine feste Position im schlesischen Grenzgebirge und konnte das ganze flache Land bis gegen Breslau und Liegnitz in Contribution setzen. Die Russen hatten Colberg genommen, hielten einen großen Theil von Pommern besetzt und dehnten ihre Streifzüge bis Berlin aus. Der König stand mit seinen Truppen in der Mitte der verbündeten Heere theils auf dem rechten Ufer der Oder, theils zwischen Breslau, Brieg und den anderen Festungen. Gleich günstig war die Lage der Kaiserlichen in Sachsen, zu deren Unterstützung überdies die Reichsarmee bereit stand. Es ist kein Zweifel, daß Friedrich, dessen eigene Hilfsquellen zu versiegen begannen, und dem außerdem die englischen Subsidien ausblieben, in kurzer Zeit gegenüber einem solchen Aufgebote von Kräften hätte unterliegen müssen. In dieser bedrängten Lage suchte er sogar ein Bündniß mit der Türkei und dem Tartaren-Khan zu Stande zu bringen. Dieses würde indessen seine Lage nicht wesentlich verbessert haben, wenn nicht plötzlich ein anderes Ereigniß eingetreten wäre. Seine erbittertste Gegnerin Elisabeth II. von Rußland starb unerwartet (5. Juni 1762), und ihr Nachfolger Peter III. war ein begeisterter Verehrer Friedrichs. Unter Elisabeth durfte er seine Gesinnungen nicht offen zu Tage treten lassen. Um so stärker kamen dieselben nach dem Tode der Kaiserin zum Vorschein. Er gab sofort nach seinem Regierungsantritte alle gemachten Eroberungen an den König heraus, rief einen Theil seiner Truppen in sein Reich zurück und ließ sogar das unter Czernitscheff bei der kaiserlichen Armee im Glatzischen stehende Corps von 20.000 Mann zu Friedrich stoßen, wodurch der ganze Operationsplan Daun's gestört wurde. Während so der eine Alliirte dem Kaiserstaate verloren ging, gewährte der andere, Frankreich, nur eine schwache Unterstützung. Der Seekrieg mit England wurde unglücklich geführt, die französischen Besitzungen in Nordamerika (Canada) giengen verloren. Nirgends vermochte die französische Flotte der englischen auf offenem Meere Stand zu halten.

Die Entthronung Peters III. am 9. Juli 1762 änderte abermals das Kräfteverhältniß der Krieg= führenden. Die neue Kaiserin, Katharina II., rief die russischen Truppen zurück, anerkannte aber den von ihrem Vorgänger abgeschlossenen Frieden und verhielt sich neutral. Bevor jedoch Daun von dem plötzlichen Thronwechsel in Petersburg Kenntniß erhalten hatte, griff Friedrich am 2. Juli die österreichischen Verschanzungen bei Reichenbach an.

Ueber das unerwartete Ereigniß des russischen Thronwechsels schreibt Herzog Albrecht: *) »Der Tod des Czaren, Peters III., der von seiner Gemalin entthront und auf ihren Befehl in Haft gesetzt wurde, ist eine zu bekannte Thatsache, als daß ich ihrer ausführlicher erwähnen sollte. Katharina hatte nichts Eiligeres zu thun, als an die beim

---

*) Mémoires de ma vie etc.

König von Preußen stehenden russischen Truppen die Ordre ergehen zu lassen, dessen Armee zu verlassen und in die Heimat zurückzukehren. Wir erfuhren diese Nachricht zu einer Zeit, wo wir eher erwarteten, daß ihre große Armee an der Seite jenes Fürsten kämpfen werde, für den Peter III., ohne ihn zu kennen, bis zum höchsten Enthusiasmus eingenommen war. Unsere Freude hierüber war umso größer als die Kaiserin in einem bei diesem Anlasse veröffentlichten Manifeste erklärte, wie nachtheilig die Haltung ihres verstorbenen Gemals dem Interesse seiner Staaten und dem Ruhm seiner Armee gewesen sei, und erwarteten demgemäß, daß sie die unter der Regierung der Kaiserin Elisabeth eingegangenen Verpflichtungen wieder anerkennen werde. Allein sie verfolgte ein anderes System; sie beließ dem König von Preußen die ihm zurückgegebenen Provinzen, schloß einen Separatfrieden mit ihm und beschränkte sich darauf die Truppen in ihre Staaten zurückkehren zu lassen, wo sie dieselben vielleicht zur Befestigung ihrer Stellung nöthig hatte.«

»General Czernitscheff, welcher die uns gegenüberstehenden Truppen commandirte, spielte uns sogar bei dieser Gelegenheit einen Possen, den wir nach den ihm am Wiener Hofe im letzten Winter zutheil gewordenen Auszeichnungen nicht erwarteten. Denn obwohl er den Befehl erhalten hatte, die Armee des Königs, wie man annimmt, am 19. zu verlassen, blieb er noch den folgenden Tag uns gegenüber in einer drohenden Aufstellung und fesselte so einen Theil unserer Truppen, die anderwärts hätten eine vortheilhafte Verwendung finden können. Erst am 21. begann er den Abmarsch, als der Feind sich bereits auf den umliegenden Höhen befestigt hatte und uns die Verbindung mit Schweidnitz abschnitt.«

Am 5. August erhielt Albrecht den Befehl mit seinem Regiment gegen Wekelsdorf zu marschiren zur Verstärkung eines Detachements, das zur Fouragirung in die Umgebung von Silberberg entsendet wurde. Die Thätigkeit Friedrichs nach dem Abzug der Russen war hauptsächlich darauf gerichtet, die Vorbereitungen zur Belagerung von Schweidnitz zu treffen. Die schweren Geschütze mußten von Breslau herbeigeschafft werden.

In der Nacht vom 7. auf den 8. August wurden die Laufgräben eröffnet und in kurzer Zeit, trotz wiederholter Ausfälle der Belagerten, die Geschütze eingeführt. Die Arbeiten leitete General Tauenzien, während der König und der Herzog von Braunschweig-Bevern die Belagerung deckten. Schweidnitz wurde von dem tüchtigen General Guasco auf das Tapferste vertheidigt, welchem Daun Ersatz zu bringen gedachte. Dieser griff zu diesem Zwecke am 16. mit den vier Corps der Generale Lacy, O'Donnell, Beck und Brentano gleichzeitig von vier Seiten den Herzog von Bevern an, um ihn zu vernichten, bevor der König zu Hilfe kommen konnte. Allein Bevern gab sein Gepäck preis, machte nach allen Seiten Front und vertheidigte sich, bis der Prinz von Württemberg mit Cavallerie und

Artillerie herbeikam, das Corps O'Donnell's angriff und zurückwarf. Als der König ankam, war das Gepäck zurückerobert und Daun auf dem Rückzuge nach Glatz. Nun wurde die Belagerung mit dem größten Nachdruck fortgesetzt, aber erst am 9. October capitulirte Guasco.*)

Nach der Einnahme von Schweidnitz hatte Friedrich Verstärkungen an seinen Bruder Heinrich nach Sachsen geschickt, weshalb Daun dem Herzog Albrecht befahl sich bereit zu halten, eben dahin zu marschiren. Schon am 16. entsandte Albrecht einen Theil seines Corps gegen Hohenelbe und verlegte den Rest in die Umgebung von Trautenau. Auf die Meldung, daß feindliche Abtheilungen in die Lausitz einrücken, setzte er sich mit der Hälfte seiner Truppen in Marsch und nahm den Weg das Riesengebirge entlang, um die Straße zwischen Reichenberg und Zittau zu gewinnen. Er sollte den Feind beobachten und, falls derselbe eine Bewegung gegen die Elbe mache, nach Stolpen in Sachsen vorrücken. Am 21. kam er in Reichenberg an, wo er sich einquartierte. Die Truppen cantonirten in den umliegenden Ortschaften. Der Herzog nahm Recognoscirungen in der Richtung von Kratzau vor und besetzte den Ort auf den Bericht, daß der preußische General Schmettau sich noch in der

*) Der Herzog hat die zahlreichen Scharmützel und Kämpfe während der Zeit der Belagerung ausführlich in seinen Mémoires sur les quatre dernières Campagnes du Maréchal Daun (1759—1762) dargestellt. Diesen zu folgen ist jedoch nicht die Aufgabe dieser Schrift.

Nähe von Görlitz befinde. Er vertheilte von hier seine Truppen derart, daß einerseits Zittau gedeckt, aber auch eventuell der Paß von Gabel vertheidigt werden konnte. Inzwischen waren Nachrichten über die Bewegungen des Feindes eingelaufen, welche auf dessen Absicht, den Herzog von der Armee des Marschalls Daun abzuschneiden, schließen ließen. Auf eine Meldung des Generals Zollern, daß der Feind gegen Bautzen marschire, brach Albrecht am 27. October auf, um so rasch als möglich sein Ziel, Stolpen, zu erreichen. Unter Sturm, Schneegestöber und Regen wurde der Marsch auf durchweichten Wegen bis in die Umgebung von Rumburg fortgesetzt. Nachdem sich die Truppen in den Dörfern einige Stunden eines schützenden Obdachs erfreut hatten, zog man weiter. In der Nähe von Stolpen stieß die Avantgarde auf starke feindliche Truppenkörper, was den Herzog bewog, unweit von Neustadt eine feste Stellung zu beziehen, die er erst nach dem Eintreffen von Verstärkungen verlassen wollte. Das Vorrücken des Feindes gegen Radeberg veranlaßte ihn jedoch über Polenz und Wolmsdorf auf Stolpen zu marschiren. Hier verbrachte auf dem kurfürstlichen Schloße die einstige Maitresse August's II., Gräfin Cosel, ihre letzten Lebenstage. Durch die Vermittlung des Oberst Fabrice wurde es dem Herzog möglich, die einstige Favoritin seines Großvaters incognito zu sehen. »Ich fand sie«, berichtet er, »in einem runden Thurmzimmer mit der Lectüre eines militärischen Werkes in Folioformat, von

Flemming, beschäftigt, das den Titel »Der voll= kommene Soldat« führte. Obgleich sie schon ein Alter von 80 Jahren*) erreicht hatte, war ihr Teint noch immer von blendender Weiße und ihre schönen schwarzen Augen von ungewöhnlichem Feuer. Sie hatte sich in letzter Zeit zum Judenthume bekannt und sagte mir, sie habe während ihrer Gefangen= schaft alle Religionen studirt und sich schließlich nach reiflicher Ueberlegung zu der besten entschlossen. Uebrigens drückte sie sich wenig schmeichelhaft über meinen Vater aus, klagte über schlechte Be= handlung, was mich in der Annahme bestärkte, daß sie über meine Person in Unkenntniß blieb. So interessant indessen die Conversation mit ihr war, so harrten doch dringendere Dinge meiner, und ich verließ sie.«

Von Stolpen setzte der Herzog den Marsch nach Weißig fort, wo er die Anhöhen besetzen ließ und sich selbst zu General Hadik begab, der mit seiner Hauptmacht bei Plauen stand, und von dem er Instructionen für sein ferneres Verhalten einholte.

Es würde zu weit führen, die häufigen Märsche und Contremärsche von beiden Seiten und die mit denselben verbundenen Scharmützel und Gefechte bis gegen den 8. November aufzuzählen, an denen sich Albrecht als Commandant eines Corps be= theiligte und je nach den Umständen Anordnungen traf. Dabei zeigt sich schon jetzt jenes bedächtige

---

*) Geboren 1686, stand also bereits im 82. Lebens= jahre.

Wesen, das vorsichtige Erwägen, das Inbetrachtziehen aller möglichen Fälle, bevor er zu einem Entschluß kam; Eigenschaften, welche auch in der Folge einen hervorstechenden Charakterzug seiner Person bildeten.

Anfangs November fand er sich einmal in Dresden ein, um sich mit General Hadik, der daselbst weilte, über die weiteren Operationen zu besprechen. Um diese Zeit hatte er eine durch Verhaue und Feldschanzen befestigte Stellung in dem Défilé von Dippoldiswalde in einer Ausdehnung von nahezu zwei Meilen inne.

Indessen war Friedrich, nach dem glücklichen Verlaufe der Dinge in Schlesien, in Sachsen beim Prinzen Heinrich eingetroffen, und man erwartete eine lebhaftere Action von seiner Seite. Hadik erhielt auch am 8. November Nachrichten, welche einen Angriff des Königs in nahe Aussicht stellten, wovon er auch den Herzog in Kenntniß setzte und ihm gleichzeitig die Wichtigkeit der Vertheidigung seiner Stellung ans Herz legte. Diese war eine vortreffliche, und nur die ungenügende Anzahl von Geschützen stellte ihre Behauptung einigermaßen in Frage. Es kam indessen zu keinem ernstlichen Kampfe mehr, denn die beiderseitigen Armeen bezogen um die Mitte November ihre Winterquartiere. Die allgemeine Erschöpfung, namentlich der unglückliche Ausgang des Seekrieges zwischen England und dem mit Spanien verbündeten Frankreich, beschleunigte das Ende des langjährigen Kampfes.

Ende Dezember fanden sich Abgesandte der Höfe von Berlin, Wien, Dresden u. s. w. zu den

Friedensunterhandlungen auf dem Schloße Huberts=
burg ein, das nach der letzten Plünderung durch
die Preußen wieder nothdürftig in Stand gesetzt
worden war.

In Dresden herrschte gegen Ende des Jahres
1762 ein reges Leben. Die kurfürstliche Familie
war bereits im Frühjahr aus München zurückge=
kehrt. Zur Zeit der Waffenruhe fanden sich zahl=
reiche Generale und Officiere der kaiserlichen Armee
ein. Da die Stadt außerdem eine starke Garnison
besaß, so mangelte es nicht an Vergnügungen und
Festlichkeiten aller Art. Jeder suchte sich für die
Beschwerden des Feldzuges nach Möglichkeit zu
entschädigen und mancher den Becher des Vergnügens
bis auf die Neige zu leeren. Unter den fremden
Gästen befand sich auch der Prinz Ludwig von
Württemberg, der nach seiner Ausweisung von Wien
sich zum Reichsheere begeben hatte. Ueber seinen
Verlust hatte er sich bereits getröstet. Eine Dame
am sächsischen Hofe, deren Schönheit dem Verblühen
nahe war, die sich aber durch liebenswürdiges
Wesen und Herzensgüte auszeichnete, hatte ihn
derart zu fesseln gewußt, daß er um ihre Hand
anhielt und sich heimlich mit ihr vermählte.*)
Prinz Ludwig zog sich später in die Schweiz zurück,
wo er bis zum Tode seines Bruders, des Herzogs
Carl Eugen († 1793), dem er in der Regierung
folgte, blieb. Er hatte dort die Bekanntschaft Vol=

*) Es ist Sophie Albertine, Tochter des kursächsischen
Geheimen Rathskämmerers Dietrich von Beichlingen, geb.
1728 † 10. Mai 1807.

taire's und Rousseau's gemacht. Der längere Verkehr mit denselben hatte aber merkwürdiger Weise einen vollständigen Umschwung in seinen religiösen Anschauungen hervorgebracht. Aus einem Freidenker war später ein Mann von religiöser, ja sogar devoter Gesinnung geworden. Mit seiner Gattin lebte er bis zu seinem Tode im Jahre 1795 in glücklichster Harmonie.

Nach Ablauf des Winters begab sich Herzog Albrecht in Familienangelegenheiten zu seiner Schwester, der Kurfürstin, nach München. Auf der Reise dahin besuchte er seinen Bruder Clemens in Freising, der inzwischen auf den bischöflichen Stuhl erhoben worden war, und verbrachte die ganze Zeit des Carnevals am Hofe seines Schwagers, wo ihn auch die Nachricht von dem Friedensschluß (15. Februar 1763) traf. Der wichtigste Artikel desselben war für ihn die Wiedereinsetzung seines Vaters, des Königs von Polen, in das Kurfürstenthum Sachsen.

Nach einem siebenjährigen Kampfe war man im Ganzen auf den Stand wie vorher gekommen. »So befand sich«, schreibt Herzog Albrecht,*) »nach einem der blutigsten Kriege, der durch sieben Jahre die deutschen Staaten verheerte und unzähligen Menschen das Leben kostete, jede der kriegführenden Parteien, ermüdet und erschöpft nahezu auf demselben Punkte wie vor dem Beginne des Kampfes und ohne den geringsten Vortheil davon zu tragen.

---

*) Mémoires de ma vie etc.

Immerhin wäre es aber ein Gewinn, wenn die Fürsten aus den Zufälligkeiten und Wechselfällen dieses Krieges gelernt hätten, künftig sich erst nach reiflicher Ueberlegung in einen Kampf einzulassen, der für ihre Staaten verderblich werden kann, und wenn die begangenen Fehler Denen zur Lehre dienten, welchen das Commando der Armee anvertraut ist.«

Seit dem Beginne der Fastenzeit weilte Herzog Albrecht am Hofe der Kaiserin in Wien und war überglücklich von der großen Herrscherin die Versicherung zu erhalten, daß sie ihn auch in Zukunft in ihrem Heere zu verwenden gedenke. Der angenehme Aufenthalt erlitt jedoch eine unliebsame Unterbrechung; der Herzog wurde von den Masern befallen, die damals in der Stadt grassirten. Und kaum genesen, rief ihn die Sohnespflicht nach Sachsen, wo der König nächstens eintreffen sollte. Um noch vor seiner Ankunft in Dresden zu erscheinen, trat er gleich nach Ostern (7. April) die Reise an. Kurz nach ihm kam auch sein Bruder Xaver an der Spitze der sächsischen Truppen an, die, wie bereits bemerkt wurde, einen Theil der französischen Hilfsarmee gebildet hatten. Die Prinzen reisten ihrem Vater bis Pförten in der Niederlausitz entgegen, fuhren mit ihm bis Königsbrück, ritten von da an der Seite seines Wagens und hielten gemeinsam den Einzug in Dresden. Der größte Theil der kurfürstlichen Familie und des Adels hatte sich eingefunden, um den Landesfürsten zu empfangen.

Einige Wochen später wurde der Landtag eröffnet, um über die Mittel zu berathen, wie der durch den siebenjährigen Krieg hervorgerufene Nothstand beseitigt und das Land wieder in einen gedeihlichen Zustand versetzt werden könnte. Unter der Verwaltung des Grafen Brühl waren die Finanzen zerrüttet und nichts gethan worden, um dieselben zu heben. Die Bevölkerung war verarmt. Kein Wunder, wenn sich neben der allgemeinen Freude über die Wiederkehr der angestammten Herrscherfamilie Unzufriedenheit geltend machte. Die Anwesenheit der ständischen Abgeordneten wirkte indessen belebend. Die italienische Oper wurde wieder eröffnet, und auf dem kurfürstlichen Haustheater fanden Dilettantenvorstellungen statt, an denen sich der Hof betheiligte. Die Gemahlin des Kurprinzen that sich dabei besonders hervor nicht nur als Dichterin und Componistin, sondern auch als Sängerin.

Die gehobene Stimmung erlitt jedoch bald durch die schwankende Gesundheit des Königs eine Trübung. Dazu kam ein anderer Kummer, hervorgerufen durch das Schicksal des Prinzen Karl, der kurze Zeit nach der Ankunft des Königs aus Curland eingetroffen war. Wie bereits erwähnt, hatte derselbe von der Kaiserin Elisabeth von Rußland das Herzogthum Curland erhalten. Deren Nachfolger Peter III. hatte ihn jedoch gleich nach seinem Regierungsantritt (5. Jänner 1762) desselben entsetzt, und seine Gemahlin Katharina, welche nach ihm noch im Juli (9.) desselben Jahres den Thron bestieg, bestätigte nicht nur diesen Akt, sondern verwies ihn obendrein des Landes und setzte an seine Stelle den alten Herzog Biron, der aus seiner mehr als zwanzigjährigen Verbannung zurückberufen worden war, wieder ein.

Man schrieb die Entsetzung des Prinzen Karl allgemein der persönlichen Abneigung Peters III. gegen ihn zu, deren Quelle in dem Wohlwollen der Kaiserin Elisabeth gegen denselben und in ihrem Haß gegen den Thronfolger zu suchen ist. Hatte doch die Kaiserin dem Herzog Karl befohlen, dessen Gesellschaft zu meiden. Er war dem Befehle der Herrscherin, ohne einen Blick in die Zukunft, vielleicht zu pünktlich nachgekommen und hatte sich außerdem über den Großfürsten, den späteren Kaiser, zu scherzen und dessen Gewohnheiten zu verspotten erlaubt. Die Gunst der Kaiserin Katharina aber hatte er sich dadurch verscherzt, daß er den Grafen Stanislaus Poniatowski, der vom Warschauer Hofe mit einer Mission an die Kaiserin Elisabeth betraut war, während seiner Anwesenheit in Petersburg — wie man erzählte — beobachtete und sein Verhalten der Monarchin hinterbrachte. Ueberdies stand Poniatowski im Verdachte, eine zweideutige Rolle zu spielen, indem er mehr die Interessen der polnischen Opposition als die des königlichen Hofes vertrat.

Bei der Großfürstin Katharina machten sich bereits jene erotischen Neigungen bemerkbar, denen sie später als Kaiserin bis an ihr Lebensende huldigte. Die stattliche Erscheinung des Grafen, der außerdem glänzende gesellige Eigenschaften besaß, verfehlte nicht auf Katharina einen tiefen Eindruck zu machen. Als jedoch ihre galanten Beziehungen zu Poniatowski der Kaiserin zu Ohren gekommen waren, verlangte sie seine Zurückberufung nach Warschau. Katharina hatte den Prinzen Karl im Verdacht, die Veranlassung hiezu gegeben zu haben, und rächte sich nun an ihm, als sie zur Regierung kam. Den König berührte dies umsomehr, als er den Prinzen Karl allen seinen Kindern vorzog. Sein Bruder Xaver erfreute sich nicht derselben Gunst; denn anstatt ihn in seinem bisherigen Commando zu belassen, übertrug er dasselbe auf den Chevalier de Saxe*) und berücksichtigte auch die von ihm empfohlenen Officiere nicht. Diese Maß= regel rief bei Herzog Albrecht eine gewisse Ver= stimmung hervor, obwohl er die Feldherrneigen= schaften des »Chevalier de Saxe« hochschätzte. Noch mehr bekümmerte ihn der Einfluß, den Graf Brühl durch seine Tochter, die Gräfin Mniczech, auf seinen Vater zu gewinnen wußte, die er zur Vermittlerin gemacht hatte, da er selbst durch Krankheit verhindert war, mit dem König zu ver= kehren. Durch die maßlose Verschwendung des Grafen hatten die Staatsfinanzen derart gelitten, daß dem Herzog Albrecht die Apanage nicht mehr ausgezahlt wurde, und er auf die während des Krieges gemachten Ersparnisse angewiesen war. Vorstellungen beim Grafen Brühl blieben ohne Erfolg

*) Bekannter unter dem Namen »Marschall von Sachsen«, geb. 13. October 1696. Seine Mutter war die Gräfin von Königsmark.

und wurden höchstens mit schönen Worten erwidert. Sich in dieser Angelegenheit an die Gräfin Mniczech zu wenden, was vielleicht erfolgreicher gewesen wäre, verschmähte Albrecht. Unter solchen Verhältnissen verlor der Aufenthalt in Dresden für ihn täglich mehr an Reiz. Manche vom polnischen Hofe dahin verpflanzten Sitten berührten ihn außerdem unangenehm. So waren, wie noch an manchen anderen Höfen, Hofnarren (Bouffons) angestellt, welche sich oft Bemerkungen erlaubten, die für den Prinzen erniedrigend waren und auch Andere verletzten. Einer derselben, übrigens ein Mann von Geist, der in seinem eigenen Hause den Grandseigneur spielte, bemerkte einmal während eines Soupers (in Warschau), zu dem sich Herren vom hohen Adel und mehrere polnische Bischöfe eingefunden hatten, zu einem, der seine Verwunderung über die Anwesenheit so vieler hoher Herren aussprach: »Ich habe den ganzen Tag damit zugebracht, bei Hofe Possen zu machen, es ist daher recht und billig, daß diese Herren einmal zu mir kommen und mich in meinem Hause mit ihren Spässen belustigen.«

König August litt während seines Aufenthaltes in Dresden an einem Fußübel. Auf Anrathen der Aerzte begab er sich zum Gebrauche der Bäder nach Teplitz in Böhmen. In seinem Gefolge befanden sich seine Söhne Xaver, Karl und Albrecht. Letzterer geleitete ihn im Auftrage der Kaiserin bei seinem Eintritte in Böhmen mit einer Abtheilung ihrer Garde nach dem Badeorte. Nach glücklich vollendeter Cur kehrte der König gekräftigt nach Dresden zurück.

Albrechts Gedanken waren indessen nach der kaiserlichen Residenz in Wien gerichtet. Die Worte der Kaiserin bei seinem letzten Aufenthalte blieben ihm tief eingeprägt und er wünschte nichts sehnlicher, als der Herrscherin zu dienen. Allein seiner Abreise nach Wien stellte sich vorläufig ein Hinderniß in den Weg. Seine Mittel waren erschöpft, und die wiederholten Bemühungen, aus den königlichen Kassen eine Subvention zu erhalten, blieben ohne Erfolg. »Endlich fand sich ein ehrbarer Jude«, berichtet der Herzog,*) »der mir auf mein gutes Gesicht einige tausend Thaler borgte, die mich in den Stand setzten, die Reise zu unternehmen.« Diese erfolgte Ende September in Begleitung des Oberst von Miltitz, der sich bereits während des Krieges an seiner Seite befand. Die Kaiserin hatte ihm gestattet, einen sächsischen Officier in seiner Suite mitzubringen, und er hatte Miltitz gewählt, den er wegen seiner gründlichen Kenntnisse, seiner loyalen und charaktervollen Gesinnung liebgewonnen hatte.

General Stutterheim, der den Herzog gern nach Wien begleitet hätte, fühlte sich durch diese Wahl derart gekränkt, daß er, wie behauptet wird, in der Meinung, die Kaiserin habe dieselbe getroffen, später als sächsischer Gesandter am Berliner Hofe bei verschiedenen Anlässen gegen das Interesse des Kaiserstaates wirkte.

---

*) Mémoires de ma vie etc.

Am 2. October traf Herzog Albrecht in Wien ein. Zur Zeit seiner Abreise litt sein Vater an den Folgen einer Erkältung. Die Aerzte fanden jedoch an dem Zustande des Königs nichts Bedenkliches. Um so größer war die Bestürzung Albrechts, als ihm Graf Flemming, der sächsische Gesandte am kaiserlichen Hofe, wenige Tage darauf im Theater, wo er sich gerade befand, das Ableben des Königs meldete. Er war am 5. einem plötzlichen Schlag=anfalle erlegen.

»Dieser unerwartete Tod«, schreibt Herzog Albrecht, »erschütterte mich aufs Tiefste, umsomehr als ich kurz vorher abgereist war, und so des Glückes beraubt wurde, meinem Vater noch in den letzten Augenblicken seines Lebens meine kindliche Ergebenheit zu bekunden.«

Schloßhof.

III. Dauernder Aufenthalt in Ungarn. Ungeahntes Glück. Verlobung und Vermählung.

(1763—1766.)

In diesen traurigen Momenten gewährte es ihm einen besonderen Trost, daß die Kaiserin sich seiner in edler Weise annahm. Sie ernannte ihn zum General der Cavallerie, übertrug ihm das Commando über vier Truppencorps in Ungarn und den Gouverneurposten in Komorn mit einem Jahres=gehalte von 30.000 Gulden. Er konnte jedoch seinen Wohnsitz vorläufig daselbst nicht nehmen, da das Gouvernementspalais einige Monate vorher durch ein Erdbeben stark beschädigt worden war, und mußte sich bis zur Herstellung desselben in Ofen niederlassen. Auf dem Wege dahin stellte er sich in Preßburg dem Generalcapitän von Ungarn, Grafen Pálffy, vor und überzeugte sich hierauf mit eigenen Augen von den Verheerungen, welche das Erdbeben in Komorn an Kirchen und anderen Gebäuden angerichtet hatte. Der Anblick berührte ihn schmerzlich; er konnte sich jedoch nicht einer gewissen Genugthuung entschlagen, als er auch das ihm zur Wohnung bestimmte Gebäude von dem Geschicke der übrigen betroffen sah. Dasselbe lag auf der Insel Schütt, mitten in einem von der Stadt getrennten Fort. Man gelangte zu demselben durch ein Thor, zu dessen Seiten sich die Gefängnisse befanden, und hatte nur eine Aussicht auf die Wälle. Albrecht fühlte, daß ihm hier ein von aller Welt — mit Ausnahme einiger Officiere der kleinen Garnison und ihres Commandanten — abgeschiedenes Leben bevorgestanden hätte. Commandant war ein General Eckel, ein vortrefflicher Officier, der während der letzten Feldzüge abwechselnd bei den Marschällen Browne und Daun Generaladjutant war und ein besseres Loos verdient hätte.

In Ofen wurde dem Herzog das früher vom Gouverneur Burghausen bewohnte Haus zugewiesen, der inzwischen nach Wien abberufen worden war. Burghausen hatte dasselbe sehr wohnlich herstellen lassen, und durch seine die Festungswälle dominirende Lage gewährte es eine herrliche Aussicht auf das längs dem rechten Ufer der Donau sich hinziehende Gebirge.

Die Erwartungen Albrechts bezüglich des geselligen Lebens giengen nicht in Erfüllung. Die prächtige und weitläufige königliche Burg, welche der Präsident der Finanzkammer von Ungarn,

Graf Grassalkowich, in den Vierziger=Jahren hatte umbauen lassen, war zur Zeit unbewohnt. Auch vom Adel war Niemand in der Festung anwesend. Es befand sich jedoch eine zahlreiche Garnison daselbst. Eine liebe Begegnung war ihm General Hadik, der gleich ihm als General der Cavallerie in Ofen stationirt war. Allein das zurückgezogene, mehr dem Studium als der Gesellschaft gewidmete Leben desselben machten ihn wenig zugänglich, und auch seiner Frau fehlten die Eigenschaften einer angenehmen Gesellschafterin. Der Herzog war daher größtentheils auf sich selbst angewiesen und hatte Muße, seine Kenntnisse durch Lectüre zu vermehren. Des Morgens pflegte er einen Ritt in die Umgebung zu machen und von Zeit zu Zeit sich mit der Jagd auf Rebhühner, Hasen und Schnepfen auf der dem Kaiser gehörigen Herrschaft Ráczkeve auf der Donauinsel Csepel zu vergnügen.

Bald nach seiner Ankunft erfuhr er von den Veränderungen, die seit dem Tode seines Vaters in Sachsen vorgegangen waren. Graf Brühl hatte demissionirt und war bald darauf gestorben. An seiner Statt wurde Graf Flemming mit der Leitung der äußeren Angelegenheiten betraut. Graf Einsiedel, ein sehr verdienstvoller und begabter Mann, wurde Minister des Innern, und der Rath Ferber, ein junger Mann von hervorragendem Talent, zum Cabinätssecretär beim Kurfürsten ernannt. Gleichzeitig mit der Nachricht von diesen Vorgängen in der sächsischen Heimat erhielt er die Trauerbotschaft von dem Ableben der Gemahlin des Erzherzogs

Joseph, die während ihrer Schwangerschaft vom Scharlach befallen wurde und in wenigen Tagen dieser bösartigen Krankheit erlag.

Der ganze Hof wurde durch dieses Ereigniß in tiefe Trauer versetzt. Erzherzog Joseph, der seine Gemahlin aufrichtig geliebt hatte, war durch ihren Tod in seinem innersten Wesen erschüttert; sie blieb ihm unververgeßlich. Man erzählte sich bei Hofe, daß die Erzherzogin schon zur Zeit ihrer Abreise von Parma zu ihrer neuen Obersthofmeisterin ge= äußert habe, sie werde nicht lange die Last des Dienstes bei ihr zu tragen haben, und daß sie in einem Briefe, den sie anläßlich des Neujahrstages von 1763 an die Erzherzogin Marie Christine, ihre vertrauteste Freundin, richtete, erklärt habe, sie werde dieses Jahr nicht überleben.

Auf die Nachricht von dem Tode der allgemein beliebten Prinzessin (27. November) eilte Herzog Albrecht nach Wien. Kaum war dieselbe in der kaiserlichen Gruft zur Ruhe bestattet, als eine andere Hiobspost eintraf. Albrechts Bruder, der Kurfürst Friedrich Christian, war am 17. Dezember im Alter von erst 41 Jahren gestorben. »Dieser Prinz«, sagt Albrecht von ihm, »war von der Natur mit den schönsten Gaben des Geistes aus= gestattet und besaß alle Eigenschaften zu einem trefflichen Regenten, hätte nicht eine schwächliche Gesundheit ihn oft an der Ausübung seiner Pflichten verhindert. Seiner Gemahlin war er in einer Weise zugethan, die ihn gegenüber ihren Schwächen ge= radezu blind machte. Indessen muß ich derselben

die Gerechtigkeit widerfahren laſſen, daß ſie bei Leb=
zeiten ihres Gemahls immer das nöthige Decorum
zu wahren wußte und niemals verſäumte, ihm jede
mögliche Aufmerkſamkeit zu erweiſen.«

Die verwitwete Kurfürſtin hatte den Herzog
Albrecht immer mit einer gewiſſen Bevorzugung
behandelt und ihm ihr Vertrauen geſchenkt. Sie
wendete ſich auch in ihrer gegenwärtigen Lage an
ihn und bat ihn um ſeinen Rath und ſeine Unter=
ſtützung. »Ich hatte der beſonderen Freundſchaft
und mütterlichen Sorgfalt dieſer Prinzeſſin zu viel
zu verdanken, als daß ich ihrem Wunſche nicht hätte
nachkommen ſollen«, ſchreibt der Herzog. Er eilte
daher nach ſeiner Vaterſtadt, wo er noch vor Ablauf
des Jahres eintraf. Sein Bruder Xaver hatte für
den kaum vierzehnjährigen Sohn des Verſtorbenen
die vormundſchaftliche Regierung übernommen und
auf den Rath der Miniſter, welche wegen ihres
klugen Verhaltens während der Kriege großes Ver=
trauen in ſie ſetzten, die Kurfürſtin=Witwe als
Mitregentin zugezogen. Es kam jedoch bald zu
Mißverſtändniſſen zwiſchen ihr und dem Prinzen
Xaver, die zum Bruche führen mußten. Dazu ge=
ſellte ſich ein Zerwürfniß unter den übrigen Mit=
gliedern der kurfürſtlichen Familie, unter welchem
Herzog Albrecht, der vermittelnd wirken wollte,
ſehr zu leiden hatte.

Neben den ſächſiſchen Angelegenheiten beſchäf=
tigten die polniſchen die Gemüther. Nach dem Tode
Auguſt III. bildete ſich im Königreich Polen eine
ſtarke von Rußland unterſtützte Partei, welche an=

statt eines sächsischen Prinzen die Wahl des Grafen Stanislaus Poniatowski, Obermundschenks des Reiches, durchsetzte. Die Erhebung dieses ehemaligen Günstlings der Kaiserin Katharina II. wurde die Quelle der Parteiungen und führte schließlich im Jahre 1772 zur ersten Theilung Polens.

Indessen war der Bruch zwischen dem Regenten, Prinzen Xaver, und der Kurfürstin-Witwe ein unheilbarer geworden. Es kam so weit, daß der erstere ihr nicht nur die Mitregentschaft entzog, sondern sogar anordnete, ihrer in den öffentlichen Gebeten nicht mehr zu gedenken. Die Entfernung der Fürstin behob jedoch nicht die Schwierigkeiten, die sich in der Verwaltung des Landes einstellten. Zwischen dem Prinz Regenten und dem Landtage wurden die Gegensätze von Tag zu Tag schärfer, was zur Folge hatte, daß der verdiente Minister Einsiedel, der für letzteren Partei nahm, von seinem Posten zurücktrat. Immer mehr und mehr trat das eigenmächtige Gebahren des Prinzen Xaver zu Tage, wenn auch nicht geleugnet werden kann, daß ihm das Land manches Gute zu verdanken hat. So brachte er eine größere Ordnung in das Finanzwesen und legte den Grund zur Reorganisation der Armee, wodurch dieselbe unter seinem Neffen, dem späteren Kurfürsten und König von Sachsen, eine ehrenvolle Stellung einnehmen konnte.

Es ist begreiflich, daß Herzog Albrecht bei diesen Zerwürfnissen sobald als möglich in die Staaten der Kaiserin zurückzukehren trachtete. Eine

Einladung seines Bruders Clemens zur Consecration gaben jedoch vorläufig seinem Reiseziele eine andere Richtung. Der kirchliche Akt sollte nach Ostern in München stattfinden. Der Herzog trat noch vor Ostern die Reise an und nahm seinen Weg durch das Erzgebirge, das Voigtland und die Oberpfalz über Regensburg nach Freising, der bischöflichen Residenz des Prinzen Clemens. Obwohl man schon im April stand, herrschte dennoch während der ganzen Fahrt eine derartige Kälte, daß der Herzog mehr als auf seinen früheren Reisen nach Warschau unter derselben zu leiden hatte.

Nach einem kurzen Aufenthalte in Freising begaben sich die beiden Brüder nach München. Der alte Fürstbischof von Augsburg, Prinz Joseph von Hessen-Darmstadt, nahm unter Entfaltung kirchlichen Pompes an dem Prinzen Clemens die Ceremonie der Weihe vor, an welche sich eine Reihe von Festlichkeiten am kurfürstlichen Hofe anschlossen.

Als Herzog Albrecht Mitte April (1764) wieder in Wien eintraf, war der Hof eben von der Krönung des Erzherzogs Joseph zum Römischen König aus Frankfurt zurückgekehrt. »Der kaiserliche Hof stand damals auf dem Höhepunkt seines Glanzes, und für die österreichische Monarchie war diese Zeitperiode eine der glücklichsten. Regiert von einer Herrscherin, welche sich durch ihre hohen persönlichen Vorzüge die allgemeine Achtung und Bewunderung erworben hatte, stand dieselbe vor ganz Europa im höchsten Ansehen und machte ihren

Einfluß überall, namentlich aber im Deutschen Reiche geltend. Der Anspruch auf die kaiserliche Krone in Deutschland war dem Thronerben der österreichischen Monarchie gesichert. Die Armee, in welcher zu dienen die Prinzen der hervorragend= sten Fürstengeschlechter Deutschlands es sich zur Ehre rechneten, war nach dem siebenjährigen Kriege stärker und angesehener als je. Trotz des langen Krieges befanden sich die Finanzen in einem ver= hältnißmäßig geordneten Zustande. Das im Umlaufe befindliche Papiergeld verschwand rascher als man erwartet und machte der klingenden Münze Platz. Man war wieder in der Lage, den weitgehendsten Forderungen zu genügen. Unter den Ministern, welche die Geschäfte führten, befand sich Fürst Kaunitz, der wegen seiner hervorragenden Eigen= schaften, seiner Weisheit und Loyalität, mit denen er die auswärtigen Angelegenheiten leitete, sich das Vertrauen und die Freundschaft seiner Monarchin erworben hatte und das größte Ansehen bei den fremden Ministern und Höfen genoß. Man verzieh ihm deßhalb manche Eigenheiten, die man bei jedem Anderen unerträglich gefunden haben würde. Er war es, welcher der Kaiserin den Plan zur Einsetzung des Staatrathes vorlegte, der bald darauf in Wirksamkeit trat. In demselben sollten die wichtigsten Regierungs= fragen in Gegenwart der Monarchin berathen werden. Diese Einrichtung würde wahrscheinlich die erhoffte Wirkung erzielt haben, wenn Kaunitz häufiger den Sitzungen beigewohnt hätte. So aber riß bald bei den Verhandlungen eine Methode ein, welche mit dem innersten Wesen dieser höchsten Körperschaft im Widerspruche stand und zu seinem Verfall führte.« *)

»Das Militärwesen stand unter der Leitung des Marschalls Daun, dem die Kaiserin durch den über Preußen erfochtenen Sieg die Rettung der Monarchie verdankte, und der, ohne gerade ein genialer und hochbegabter Mann zu sein, doch jene Eigenschaften besaß, welche zur Aufrechthaltung der Ordnung und des militärischen Geistes nothwendig sind. Er hat außerdem das Verdienst, in seinen Rath würdige Generale aufgenommen zu haben, unter denen besonders Lacy genannt zu werden verdient, ein Mann von hervorragendem Talente und einer unvergleichlichen Thätigkeit, der sich durch Theorie und Praxis außergewöhnliche Kenntnisse in der Taktik erworben hatte.«

»Zu ihm gesellte sich der Marschall Fürst Josef Wenzeslaus Liechtenstein, **) ein allgemein verehrter Mann, würdevoll und geachtet, ein eifriger Staatsbürger und Grandseigneur in seinem Auftreten, welcher als General=Land=, =Feld= und =Haus=Artillerie=Zeugmeister dem Artilleriewesen vorstand und dasselbe sogar durch Beisteuer aus seinen eigenen Mitteln zu jener achtunggebietenden Stellung emporhob, in welcher es sich seitdem immer erhielt.«

»An der Spitze der Verwaltung in den deutschen Erblanden befand sich Graf Haugwitz, der sich um die Richtigstellung des Katasters, die Einführung

---

*) Mémoires de ma vie.
**) Geboren 19. August 1696, gestorben 10. Februar 1772.

einer geordneten Steuereinhebung, sowie um die Bequartierung und Verpflegung der Truppen verdient gemacht hatte.«

»Die Finanzangelegenheiten leitete Graf Chotek, ein äußerst geistvoller Mann, der Speculationen und Operationen, welche die Staatsfinanzen in Unordnung zu bringen geeignet waren, hintanzuhalten wußte.«

»Die Errichtung der Rechnungskammer, ein bis dahin in Oesterreich unbekanntes Institut, ist dem Grafen Zinzendorf zu verdanken, welcher sich auf seinen Reisen hervorragende Kenntnisse erworben hatte.«

»Ueberhaupt gab es keinen Zweig der Hof- und Staatsverwaltung, welcher nicht mit einer oder anderen verdienstvollen Persönlichkeit besetzt war. Jeder war bestrebt, seine Kräfte dem Dienste einer Monarchin, wie Maria Theresia, zu widmen.«

»Das äußere Ansehen des Wiener Hofes, an und für sich schon glänzend durch das wundervolle Auftreten der kaiserlichen Familie, wurde damals noch erhöht durch die Errichtung von drei neuen Garden, zu denen die jüngsten und schönsten Männer aus den Officieren der Armee und theilweise aus dem hohen Adel gewählt wurden; die ungarische Garde, die kaiserlich-deutsche Nobelgarde und, ähnlich der letzteren, die Garde des Römischen Königs.«*)

*) Mémoires de ma vie. Auch Arneth, Maria Theresia, Band 7, wo das Urtheil des Herzogs über den kaiserlichen Hof nach dessen Memoiren ebenfalls mitgetheilt ist.

Bald nach der Ankunft des Herzogs Albrecht in Wien nahm der kaiserliche Hof seinen Séjour auf dem Lustschlosse Laxenburg, wo man gerade mit neuen Gartenanlagen beschäftigt war. Auf die Einladung der Kaiserin kam auch der Herzog dahin und hatte Gelegenheit, häufig mit der »reizenden und liebenswürdigen Erzherzogin« zu verkehren, für welche er schon früher ein reges Interesse hatte. Dieses erhielt neue Nahrung durch die Theilnahme an dem Kummer, den ihr der Verlust ihrer liebsten Freundin, der Erzherzogin-Infantin, verursachte. Und aus dem Bemühen, durch tröstende Worte ihre Gemüthsstimmung zu erheitern, und dem fast täglichen Umgange sproßte allmählig jene Neigung hervor, die schon einmal zu keimen begonnen, aber unterdrückt wurde, als ein anderer im Besitz ihres Herzens zu sein schien. Bald glaubte Albrecht zu bemerken, daß die Prinzessin nicht gleichgiltig blieb gegenüber den Aufmerksamkeiten, die er ihr erwies, während sein Herz immer lauter schlug und er zur Erkenntniß gelangte, daß die Empfindungen des Mitgefühls bereits anderen Platz gemacht hatten. Noch wagte er es aber nicht, dies offen kund zu geben, und um dem drückenden Gefühl zu entgehen, dasselbe in der Nähe des geliebten Gegenstandes unausgesprochen zu lassen, schickte er sich an, auf seinen früheren Posten nach Ungarn zurückzukehren. Vor seiner Abreise erhielt er jedoch die Ordre, sich nach Preßburg zu begeben, um während der An= wesenheit der Kaiserin zur Zeit des Landtages, der sich nächstens daselbst versammeln sollte, das Com=

mando über die in der Stadt und Umgebung
stehenden Truppen zu übernehmen, zu deren Ver=
stärkung noch zwei Cavallerie=Regimenter heran=
gezogen wurden.

Da während der Landtagssitzungen der gesammte
kaiserliche Hof seinen Wohnsitz in den weitläufigen
Räumen des Preßburger Schlosses nahm, so kam
der Herzog wider Erwarten abermals mit der
Prinzessin seines Herzens in Berührung, und es
kostete ihm eine große Ueberwindung im täglichen
Verkehr jenes Maß von Zurückhaltung zu bewahren,
das ihm seine Stellung zur Pflicht machte.

Die Anwesenheit der zahlreichen Abgeordneten
des Landes brachte reges Leben in die Stadt.
Neben den Magnaten des Königreichs, zu denen
die Erzbischöfe und Bischöfe, die Großwürdenträger
der Krone, die Fürsten, Grafen und Barone zählten,
war der kleine Adel der verschiedenen Comitate
vertreten. Jeder der Magnaten wurde mittelst eines
besonderen königlichen Schreibens zum Landtage
eingeladen, während die Deputationen der Comitate
und Städte durch öffentliche Verlautbarung von
der Einberufung desselben verständigt wurden.

Besonders festlich gestaltete sich der Empfang
der Herrscherin durch eine Deputation der Stände
am rechten Donauufer an der österreichisch=ungarischen
Grenze. Die Königin nahm unter einem Zelte die
Begrüßung der Abgesandten entgegen und hielt
hierauf an der Seite des Kaisers, gefolgt vom ganzen
Hofe, ihren feierlichen Einzug in die Stadt, an
welchem, sowie an der Eröffnung des Landtages

auch der Herzog theilnahm. Diese fand in demselben Saale des königlichen Schlosses statt, in dem Maria Theresia im Jahre 1741 an den Patriotismus der Ungarn appellirte und mit »Moriamur pro rege nostro« *) acclamirt wurde, was die Stimmung nur erhöhte.

Der Eröffnung folgten in den nächsten Tagen Empfangsabende bei Hofe (die sogenannten Appartements), denen sich Bälle anreihten. Daneben gaben die reichen Magnaten glänzende Feste, und im Stadttheater wechselten italienische Opern mit deutschen Komödien.

Die Verhandlungen des Landtages nahmen indessen einen schleppenden Gang, und es war vorauszusehen, daß sich dieselben in die Länge ziehen werden. König Joseph und sein Bruder Leopold benützten daher die Zeit zu einem Ausfluge nach Schemnitz, Kremnitz und Neusohl und luden Herzog Albrecht ein, an demselben theilzunehmen. Den 19. Juli (1764) verließ die illustre Gesellschaft Preßburg. Zur Rechten die Donau und die Waag mit der Neutra, zur Linken den Zug der karpathischen Vorberge mit ihrem grünen Weingeländt, fuhren die Prinzen und ihr Gefolge durch das Preßburger und Neutraer Comitat. In dem Hauptorte des letzteren, Neutra, ward eine kurze Rast gehalten. Außer dem auf einem Hügel gelegenen bischöflichen Palais und dem neuerbauten Piaristen-Collegium bot sich hier nichts Bemerkenswerthes. Der Ort

---

*) Gut und Blut für unsern König!

glich mehr einem Dorfe als einer Stadt. Bei Einbruch der Nacht langte man in Verebely an. Unterwegs hatte man viel von der drückenden Hitze zu
leiden. Am folgenden Tage wurde Frühmorgens
aufgebrochen. Außerhalb des Ortes war eine Compagnie Carabiniers postirt und weiterhin fanden
sich auf der Straße mehrere Escadronen Cuirassiere
und Dragoner vertheilt.

Am 20. nach 11 Uhr erreichte die Gesellschaft
Buckanietz. Ueber den Charakter der Gegend bemerkt
Herzog Albrecht:*) »Das Terrain, welches wir
an diesem Tage durchreisten, ist fortwährend an-
steigend. Von Verebely bis Buckanietz war das Land
besser bebaut und bevölkert als in den übrigen
Theilen Ungarns, die ich auf meinen verschiedenen Reisen kennen gelernt hatte. Die Nähe der
Bergwerke, welche so zahlreiche Arbeiter ernähren,
bewirkt, daß die Erzeugnisse des Bodens besseren
Absatz finden, was wiederum eine bessere Cultur
desselben zur Folge hat. Dagegen mangelt es an
Holz, wie denn die Wälder sehr vernachlässigt sind.
Die höheren Lagen des Gebirges sind noch mit Wald
bedeckt, allein wegen der Schwierigkeit des Trans-
portes bleibt das Holz unbenutzt und verfault. In
der Umgebung der Bergstädte ist indessen Holz
genug für den Bedarf der Gruben vorhanden.«
Eine Meile von Buckanietz entfernt hatten sich der
Bergwerksdirector (damals »Kammerpräsident« genannt), die Beamten und Knappen zum Empfange

---

*) Mémoires de ma vie etc.

eingefunden. Es wurden die bereitstehenden Pferde bestiegen und die Route nach dem Vororte »Wind= schacht« genommen. Voran ritt die Stadtgarde von Schemnitz, welcher eine Abtheilung Bergknappen in schwarzer Uniform mit rothen Aufschlägen zu Pferde folgte. Der Comitatsadel im malerischen National= costüm auf reich geschmückten Pferden schloß den Zug. Gegen 2000 Bergknappen in Paradeuniform waren auf einer Anhöhe neben der Straße aufgestellt.

Unterwegs besichtigten die Prinzen den großen mit einem Kostenaufwande von 300.000 Gulden gegrabenen Sammelteich, dessen Wasser zum Betrieb der Förderungs= und Aufbereitungsmaschinen be= nützt wurde. In der Nähe von »Windschacht« war ein Triumphbogen errichtet und Infanterie in Reih' und Glied aufgestellt. — Im königlichen Verwaltungs= gebäude wurde das Diner genommen, während dessen die Bergwerks=Capelle concertirte und die Infanterie mehrere Dechargen abgab. Nach dem= selben wurde ein aus 500 unbewaffneten Knaben bestehendes Corps vorgeführt, die beim Bergbau beschäftigt waren. Hierauf begab man sich in das Etablissement, wo die Scheidung der Metalle vor= genommen wurde.

Bei dem dann folgenden Einzug in die Stadt bildete die Bürgerschaft Spalier. Den Schluß des Tages machte die in den Bergwerken übliche Ceremonie der feierlichen Uebergabe von »Schlägel« und »Eisen« von Seiten der Bergknappen.

Den nächsten Tag, am 21., wurden die Arbeiten in einem Schachte, die Pump= und Pochwerke, sowie die Erzwäschereien besichtigt. Ein Professor der von Maria Theresia im Jahre 1760 gegründeten Bergakademie demonstrirte den Prinzen verschiedene Vorgänge, unter denen die Bereitung des Zinnobers ihre besondere Aufmerksamkeit erregte. Am 22. nahmen die Prinzen den ausgedehnten Franzens-Erb-Stollen in Augenschein und begaben sich zu der großen, jenseits der Gran bei Czarnowicc gelegenen Brauerei, wo man zu Mittag speiste. Dann folgte die Besichtigung der Hochöfen zur Scheidung von Blei und Silber, der Holzschwemmen und Kohlenmeiler, sowie der mannigfachen Vorgänge zur Reingewinnung der edlen Metalle. Auch die Amtsgebäude wurden besucht.

Am 25. exercirte die bewaffnete Knappenschaft vor den Prinzen, worauf dieselben einem Scheiben-schießen der Bürgerschaft beiwohnten. Auf dem Wege nach Kremnitz wurden die warmen Bäder der »Glas-hütte« und mehrere Schmelzöfen besichtigt. Nach einem dem früheren ähnlichen Einzuge in Kremnitz begaben sich die Prinzen in die Münze, wo vor ihren Augen verschiedene Geldsorten geprägt wurden.

Am 28. wurde Frühmorgens nach Neusohl aufgebrochen. Der Einzug in die Stadt war besonders glänzend, da der Adel des Comitates sich in großer Zahl eingefunden hatte. Den prächtigen Zug schlossen zwei Escadronen vom Regiment Pálffy. Noch an demselben Nachmittag wurden die in der Nähe befindlichen Kupferwerke besucht. Abends war die Stadt illuminirt; auf dem Platze war auf der einen Seite ein Bergwerk im vollen Betrieb dar-

gestellt, die andere bildete einen Garten mit In=
schriften, die sich auf die Ankunft des »Römischen
Königs« bezogen. Es wurde musicirt und getanzt.
Den folgenden Tag exercirten die Bergknappen
(Bergcompagnie) im Feuer. Man machte noch einen
Ausflug in das schöne Thal zwischen Alt= und
Neusohl und kehrte dann nach Schemnitz zurück,
von wo am 30. die Abreise nach Schönbrunn statt=
fand. Nach einer 16stündigen Fahrt langte man
daselbst an.

Während des Besuches der Bergwerke empfand
Herzog Albrecht lebhaft die Lücken, die sich in seinem
Wissen vorfanden. »Diese in vielfacher Beziehung
instructive Reise«, bemerkt er,[*] wäre für mich in
noch höherem Grade nutzbringend gewesen, wenn
man in meiner Erziehung nicht gänzlich vernach=
lässigt hätte, mir einige Kenntnisse in Physik, Natur=
geschichte und Chemie beizubringen. Ich konnte
daher nur die Großartigkeit des Bergwerksbetriebes,
die Mannigfaltigkeit der Vorgänge zur Scheidung
und Reinigung der Metalle, die mächtigen hydrau=
lischen Pumpwerke, sowie manches Andere anstaunen,
ohne das Gesehene zu verstehen.«

Nach kurzem Aufenthalte in Schönbrunn kehrte
der Herzog wieder auf seinen Posten nach Preßburg
zurück. Bei einer Parade commandirte er zum ersten
Male vor der Kaiserin und dem ganzen Hofe drei
Regimenter, an deren Spitze die Oberstinhaber, die
Erzherzoge Leopold, Ferdinand und Maximilian

[*] Mémoires de ma vie etc.

standen. Wenige Tage darauf befand sich der Hof mit zahlreichem Gefolge auf einer Donaufahrt nach der bischöflichen Stadt Waitzen unterhalb Preßburgs. Herzog Albrecht war vorausgeeilt, um die Kaiserin am Landungsplatze an der Spitze eines Cavallerie-Regimentes zu empfangen. Auf dem bischöflichen Stuhl von Waitzen saß damals der spätere Cardinal und Erzbischof von Wien, Graf Migazzi.*) Die Kaiserin blieb mehrere Tage daselbst, um die Gebäude zu besichtigen, welche der Bischof hatte errichten lassen, darunter das Priesterseminar, das Gymnasium und die im romanischen Stile erbaute Kirche, sowie einer religiösen Feierlichkeit in der letzteren beizuwohnen. Der Herzog nahm die geringe Entfernung von Ofen zum Anlaß, die Kaiserin zu einem Besuche dahin einzuladen Die Einladung wurde angenommen, und Albrecht genoß die Ehre, die Herrscherin in seinem Wohnhause bewirthen zu dürfen. Die Rückreise des Hofes erfolgte über Raab, in dessen Nähe der Herzog der Kaiserin sein Regiment vorführte.**)

Maria Theresia kehrte nach Preßburg zurück, während Kaiser Franz sich zu den Herbstjagden nach der kaiserlichen Herrschaft Holitsch an der March begab und zu denselben auch den Herzog

*) Wolfsgruber, Christ. Anton Cardinal Migazzi, Saulgau 1891.

**) Das Ganze nach den Memoiren des Herzogs, abweichend von der Darstellung A. Wolfs in Maria Christine, der den ersten Theil derselben nicht kannte. Man vergleiche die Einleitung zu seinem Werke.

einlud. Die Jagden erstreckten sich auch auf das jenseits der March gelegene Territorium von Göding. Der Kaiser war während der Jagdzeit besonders liebenswürdig. »Er entfaltete bei dieser Gelegenheit die ganze Liebenswürdigkeit seines heiteren und offenen Charakters und erschien unter seinen Gästen wie ein guter Familienvater inmitten seiner Kinder und Freunde.«*) Die Jagd dauerte acht Tage und war sehr ergiebig. Es vergieng kein Tag, an dem nicht mindestens 2000 Hasen und Rebhühner erlegt wurden, an manchen Tagen stieg die Zahl auf 3= bis 4000.

Inzwischen zogen sich die Verhandlungen auf dem Landtage in Preßburg hin, ohne ein nennens= werthes Resultat zu erzielen. Die Kaiserin äußerte offen ihr Mißvergnügen über die Hindernisse, welche ihren Propositionen in den Weg gelegt wurden, und begab sich in erbitterter Stimmung nach Wien. Sie wollte unter den obwaltenden Verhältnissen den Landtag durch königliche Commissäre schließen lassen, that es aber dennoch persönlich, als die Nation, auf welche die Festigkeit der Kaiserin nicht ohne Eindruck geblieben war, den wichtigsten Forderungen zustimmte.

Nach der Rückkehr des Hofes nach Wien trat bezüglich des Wohnsitzes des Herzogs eine Veränderung ein. Graf Pálffy, der General=Commandirende von Ungarn, beantragte bei der Kaiserin dessen Versetzung von Ofen nach Preßburg, um die unter ihm in der Umgebung stehenden Regimenter mehr unter seinen

---

*) Mémoires de ma vie.

Augen zu haben. Die Monarchin gab die Bewilligung hiezu, jedoch unter der Bedingung, daß dem Herzog ein seiner Stellung angemessenes Wohnhaus zur Verfügung gestellt werde. Diese Frage fand dadurch ihre Erledigung, daß Fürst Esterházy ihm sein Palais in Preßburg anbot, in welchem Herzog Albrecht nun seinen neuen Haushalt einrichtete.

Nach dem Schluß des Landtages war es in der Stadt still geworden, und der Herzog gewann Zeit, sich wieder der Lectüre und dem Studium zu widmen. Er war fest entschlossen, dasselbe nicht zu unterbrechen; allein es kam anders. In Wien war eine Militär-Commission zusammengetreten, um über ein neues Exercier- und Dienst-Reglement für die Cavallerie zu berathen, und Herzog Albrecht zur Theilnahme an derselben berufen. Als Präsident der Commission fungirte der alte Marschall D'Aspremont-Linden, der noch unter Prinz Eugen als Oberst gedient hatte, stocktaub war und mit seinen Anschauungen mehr in der Vergangenheit als in der Gegenwart lebte. Beisitzer waren vier Generale der Cavallerie, drei General-Lieutenants, zwei General-Majors, ein Oberst, zwei Oberstlieutenants und ebensoviele Majors. Bei der Verschiedenartigkeit der Anschauungen würden sich die Berathungen ins Unendliche gezogen haben, hätte nicht General D'Ayasasa,*) der, als Referent der Commission, ein

_____

*) D' Ayasasa, Joseph Graf, General, war seit 1762 Mitglied des Hofkriegsrathes, wurde nach dem Tode des Kaisers Franz von Kaiser Joseph zum Cavallerie-Inspector ernannt.

bereits fertiges Elaborat vorlegte, durch geschicktes Vorgehen die Zustimmung zu den wesentlichsten Punkten desselben durchgesetzt. So konnte das neue Reglement für die Cavallerie in kurzer Zeit festgestellt und herausgegeben werden, nachdem für die Infanterie ein solches bereits von General Lacy ausgearbeitet worden war und die Bestätigung der Kaiserin erhalten hatte.

Der Herzog wohnte diesmal in dem an die kaiserliche Burg anstoßenden, ehemals Taroucca'schen, nun dem Hofe gehörigen Palais auf der Augustiner-Bastei, das ihm die Kaiserin angewiesen hatte. Es ist dasselbe, welches später (1794) Maria Christine von Kaiser Franz II. zum Geschenke erhielt. Albrecht befand sich so in unmittelbarer Nähe des Hofes und wurde zu allen Festlichkeiten herangezogen. Die Kaiserin hatte ihm sogar den Zutritt in ihre Hofloge gestattet. Er kam nun fast täglich mit der Erzherzogin in Berührung, für die sein Herz immer lauter schlug. Allein noch durfte er seinen Empfindungen nicht offen Raum geben. Es kostete ihm umso größere Ueberwindung, in seiner Haltung die Ruhe zu bewahren, als er die Ueberzeugung gewann, daß er der Prinzessin nicht gleichgiltig sei.

Maria Christine, die Lieblingstochter der Kaiserin, stand im 23. Lebensjahre.*) Von zartem Wuchs, mit einem reizenden Köpfchen, aus welchem zwei blaue Augen treuherzig hervorleuchteten, einem schön geformten Mund, an dem die Unterlippe

---

*) Geboren 13. Mai 1742.

zierlich hervortrat, und einer kleinen weißen Hand, *)
war sie das Bild der Anmuth und des Liebreizes.
Ihr lebhaftes Temperament riß sie oft zur Heftig=
keit hin, über die aber stets ihre Herzensgüte den
Sieg davontrug; denn sobald sie merkte, Jemandem
durch eine in der Aufregung hingeworfene Be=
merkung nahegetreten zu sein, wendete sie Alles an,
den Fehler wieder gut zu machen. Im täglichen
Verkehr mit ihrer Mutter im Kreise ihrer Familie
herangewachsen, hatte sie sich, unberührt von dem
Treiben der Welt, zur herrlichen Blüthe entfaltet.
Ihre wissenschaftliche Ausbildung war nach heutigen
Begriffen selbst für eine Frau keine vollendete. Das
Hauptgewicht beim Unterrichte wurde auf Sprach=
kenntnisse und die Religion gelegt. Zwei Jesuiten,
P. Franz und P. Lechner, waren hierin nacheinander
ihre Lehrer. Im Italienischen besaß sie große
Fertigkeit und beherrschte auch einigermaßen das
Englische. Sie sprach fertig deutsch, war aber
weniger gewandt im schriftlichen Ausdrucke. Mit
Vorliebe bediente sie sich der französischen Sprache,
in der sie sich mit Gewandtheit und Lebendigkeit
auszudrücken verstand. In der Musik hatte sie
es nicht weit gebracht, dagegen besaß sie Neigung
und Talent zum Zeichnen und Malen, wovon sie
recht hübsche Proben hinterließ. **)

---

*) Der Herzog hatte dieselbe später in Marmor nach=
bilden lassen.

**) A. Wolf, Maria Christine, Band 1.

Bei aller Zurückhaltung war jedoch die gegenseitige Neigung Albrechts und ihrer Tochter der Kaiserin nicht entgangen, welche indessen dieselbe mit wohlwollendem Auge wahrnahm und den Herzog bei jeder Gelegenheit bevorzugte. Nur wünschte sie keine Ueberstürzung und empfahl Marie Christine, sich vorläufig zu beherrschen. »Das Gelingen der ganzen Angelegenheit«, schreibt sie an sie, »hängt von der Verschwiegenheit ab, besonders daß ihm vor der Hand in keiner Weise eine bestimmte Hoffnung gemacht werde, und daß Du Dich Niemandem in dieser Sache anvertraust, denn die ganze Welt belauert Dich. Ich kenne die Schwierigkeit Deiner Lage gut, sie schmerzt mich, doch ein Zwang, den Du Dir durch acht Monate auferlegst, könnte uns an das erwünschte Ziel führen. Als Freundin und Mutter beschwöre ich Dich, Dich zu beruhigen und Alles der Hand Gottes zu überlassen, bei dem allein man Ruhe finden kann.« *)

Dem Herzog konnte es als ein neues Zeichen der Huld gelten, daß die Kaiserin, als er nach längerem Aufenthalte in Wien an den Ort seiner Bestimmung zurückkehren wollte, ihn aufforderte, noch länger zu bleiben. Allein all dies schien ihm noch nicht zur Hoffnung auf die Erfüllung seiner innersten Wünsche zu berechtigen, und eine gewisse Unruhe bemächtigte sich seiner. Da kam eines Abends die Erlösung. Der Herzog befand sich in

---

*) Orig. in französ. Sprache im Erzh. Albrecht'schen Archiv. E. A. A.

der kaiserlichen Loge an der Seite der Erzherzogin und ließ die Bemerkung fallen, daß er über sein Schicksal nicht ohne Besorgniß sei. Diese Worte genügten, um die Erzherzogin, uneingedenk der jüngsten Mahnung der kaiserlichen Mutter, aus ihrer Reserve heraustreten zu lassen, indem sie erwiderte: »er möge sich über diesen Punkt beruhigen und um die Zukunft unbesorgt sein«. Sie bat ihn jedoch, vorläufig noch die nothwendige Zurückhaltung zu bewahren und mit Geduld die günstige Gelegenheit abzuwarten, Alles werde sich zum Besten wenden. Der Herzog war überrascht von diesen Worten und, in seiner Wohnung angelangt, noch nicht zu dem Bewußtsein gekommen, ob er träume oder wache. Er, der seine Stellung dem Wohlwollen der Kaiserin zu verdanken hatte, konnte es noch immer nicht glauben, daß die große Monarchin in ihrer Güte gegen ihn so weit gehen könne, um an seiner Neigung zu ihrer Lieblingstochter Gefallen zu finden. Und doch ließen ihn die Worte der Erzherzogin dies vermuthen. Nur eine Probe in der Zurückhaltung sollte er noch bestehen, bis die Wege völlig geebnet seien; denn außer der Kaiserin mußte noch der Kaiser gewonnen werden, der allem Anscheine nach diesem Bündnisse nicht sonderlich geneigt war.

Das Jahr 1765 begann mit einem bedeutsamen Familienereigniß des Hofes. König Joseph feierte seine Vermählung mit Maria Josepha, Prinzessin von Bayern. Die Ehe wurde mehr aus Staatsraison als aus Neigung geschlossen. Im Herzen Josephs lebte das Bild seiner verstorbenen

Gemahlin fort; er hatte ihren Verlust noch nicht verschmerzt. Zuerst gedachte man ihn mit der jüngeren Schwester der Verstorbenen zu vermählen, womit auch seiner Neigung Rechnung getragen worden wäre. Allein diese war bereits für den Prinzen von Asturien bestimmt. Die Kaiserin that nichtsdestoweniger Schritte, um von Seiten Spaniens einen Verzicht auf dieselbe zu erwirken, jedoch ohne Erfolg. Man sprach dann eine Zeit lang von der Infantin von Portugal, deren Schönheit gerühmt wurde. Allein politische Rücksichten sprachen gegen diese Verbindung,*) und die Infantin Maria Ludowika von Spanien war schon an Erzherzog Leopold versprochen. Schließlich blieb Joseph die Wahl zwischen der jüngeren Schwester Albrechts**) und der bayrischen Prinzessin Maria Josepha, Schwester des Kurfürsten. Neigung empfand er für keine von beiden. Unter dem Vorwande einer Reise nach den Schlachtfeldern Böhmens sollte eine Zusammenkunft mit der sächsischen Prinzessin ermöglicht werden. In Teplitz, wohin sich die Kurfürstin-Witwe mit ihrer Schwägerin Kunigunde zum Besuche ihres zweitgeborenen Sohnes, der daselbst die Bäder gebrauchte, begeben hatte, fand die Begegnung statt. Eine Verbindung mit der sächsischen Prinzessin wäre nach dem Wunsche der Kaiserin gewesen. Allein nach dem wenig günstigen Eindrucke, den sie auf Joseph bei ihrem Zusammen-

*) Arneth, Maria Theresia, Band 7.
**) Maria Kunigunde, geboren 10. November 1740, später Aebtissin von Essen-Thorn, gestorben 8. April 1826.

treffen in Maria=Schein machte, konnte man die=
selbe nicht erhoffen.

Es blieb nur noch die bayrische Prinzessin
übrig. Eine Gelegenheit, ihr zu begegnen, ergab sich,
als Joseph der Prinzessin Charlotte von Lothringen,
die aus den Niederlanden kam, bis nach Bayern
entgegenreiste. In Straubing sah er die ihm be=
stimmte Braut und fand noch weniger Gefallen
an ihr als an Prinzessin Kunigunde. Wenn er sich
dennoch für sie entschied, so folgte er hierin dem
Wunsche des Kaisers, nicht seiner eigenen Neigung.
Die Vermählung fand (am 23. Jänner) auf dem
kaiserlichen Lustschlosse Schönbrunn statt. Man ver=
mißte jedoch bei den Festlichkeiten jenen Aufwand und
jene Prachtentfaltung, wie bei der ersten Vermählung
Josephs. Maria Josepha hat es niemals verstanden,
das Herz Josephs zu gewinnen, was jedoch nicht
verhinderte, daß er sie stets mit zarter Rücksicht
behandelte.

Noch eine zweite Vermählung stand in diesem
Jahre in Aussicht, die des Erzherzogs Leopold
(späteren Kaisers) mit Maria Ludowika von Spanien.
Dieselbe sollte in Innsbruck gefeiert werden und
wäre für Herzog Albrecht fast verhängnißvoll
geworden. Der Kaiser hatte nämlich zu den Ver=
mählungsfeierlichkeiten in Innsbruck auch den Herzog
von Chablais, Sohn seiner verstorbenen Lieblings=
schwester, der ersten Frau des Königs von Sardinien,
eingeladen. Durch eine Verbindung zwischen ihrem
einzigen Sohne und der Erzherzogin Maria Christine
glaubte er ihren letzten Willen zu erfüllen. Er hatte

sich hierüber auch vor der Kaiserin ausgesprochen, die sich aus Klugheit dem Projecte nicht widersetzte, aber auch keine besondere Freude darüber äußerte. Sie kannte ihren Gemahl als zärtlichen Vater und wußte, daß er seine Tochter nicht zwingen würde, einen Bund gegen ihre Neigung zu schließen. Auf die Zeit und veränderte Verhältnisse setzte sie ihre Hoffnung. Ihrer Tochter und dem Herzog empfahl sie indessen die größte Zurückhaltung und ein besonders aufmerksames Benehmen gegen den Kaiser. Wenn einmal die Festlichkeiten vorüber seien und man sich getrennt habe, werde Alles wieder in die alte Ordnung zurückkehren; deshalb wünscht sie auch, daß der Herzog sich ebenfalls bei den Feierlichkeiten in Innsbruck einfinde; und als dieser die Einwendung machte, wie peinlich unter den gegebenen Verhältnissen es für ihn sei, denselben beizuwohnen, bestand sie umsomehr darauf, weil seine Abwesenheit seiner Sache nur schaden könnte. Der Herzog fügte sich dem Wunsche der Monarchin, schloß sich jedoch nicht dem Hofe an, der die Route durch Steiermark und Kärnten nach Innsbruck einschlug, sondern begab sich zuerst zu seinem Schwager, dem Kurfürsten von Bayern, nach Nymphenburg, und reiste von dort mit seinem Bruder, dem Bischof von Freising, welcher das hohe Paar trauen sollte, nach Tirol. Auf dem Wege wurden sie von einem heftigen Gewitter überfallen, kamen jedoch am nächsten Tage nach ihrer Abreise, den 14. Juli nachmittags, glücklich in Innsbruck an. Der Herzog stieg bei der verwitweten Gräfin Martinitz geb. Trautsohn ab, einer alten Bekannten vom Dresdener Hofe, wo sie nahezu 20 Jahre hindurch als Aja und Obersthofmeisterin seiner Schwestern verlebte, und sich schließlich in ihre Heimat Tirol zurückgezogen hatte.

Am folgenden Tage (15. Juli) hielt der Hof seinen festlichen Einzug in Innsbruck. Linien=Infanterie und Tiroler Jäger bildeten Spalier. Am Eingange der Stadt hatten die Stände einen prächtigen Triumph= bogen errichten lassen. Der Herzog von Chablais war noch nicht angekommen, wurde aber jeden Tag erwartet. Maria Christine befand sich in der größten Aufregung, so daß die Kaiserin zur Beschwichtigung ihres erregten Gemüthes folgende Zeilen an sie schrieb: »Gestalte Deine Lage nicht schwieriger als sie wirklich ist. Wozu bietest Du aller Welt ein Schaustück dar? Es ist ja doch immer nur die gleiche Lage, etwas mehr, etwas weniger, und Du darfst gewiß sein, daß man Dich in Laxenburg und noch mehr in Preßburg, wo Du so ruhig zu sein glaubtest, nur allzusehr errieth. In alledem bedarfst Du der Ruhe und mußt jede Erregtheit vermeiden. Das kostet Dich ein Opfer; es wird Dir jedoch während Deines ganzen Lebens und insbesonders in Deiner jetzigen Lage nothwendig sein. Es ist Dein nächster Verwandter und unser Neffe, der nach Innsbruck kömmt. Du brauchst nicht mehr zu wissen, und je höflicher und liebenswürdiger Du bist, ohne Dich ihm an den Hals zu werfen, um somehr wirst Du die Leute ablenken und Dir selbst in jeder Art förderlich sein. Dein Glück, das Du in meine Hand legst, Dein Herz, das Du mir darbringst, ich nehme es an und werde keinen schlechten Gebrauch davon machen und niemals gegen Deinen eigenen Willen handeln. Aber laß Dich nicht im Voraus für oder gegen die Sache einnehmen; es geschieht ohnehin nur das, was die Vorsehung über uns verhängt; wir sind nur die Werkzeuge, deren sie sich bedient, um uns zu unserem Ziele zu führen. Bestrebe Dich durch Deine Auf=führung, Deine Religiosität, Deine Andacht den Schutz Gottes zu verdienen, dessen Du mehr als eines andern bedarfst, indem Du so heftig bist, daß das auf Deine Persönlichkeit, ja sogar auf Deine Gesundheit zurückwirkt. Nur Ruhe und Muth, die Rolle zu spielen, welche Deine Pflicht Dir vor=schreibt; Du hast Begabung genug dazu, wenn nur Dein Wille sie unterstützt. Keine kleinen Vertraulich=keiten oder geheime Gespräche im Vorübergehen, weder mit Deiner Schwester noch mit wem es auch sein mag. Sprich so wenig als Du kannst, von dem Prinzen überhaupt; suche Dir diese Gedanken sogar aus dem Sinne zu schlagen, auf daß Du darüber nicht beunruhigt oder damit zu sehr be=schäftigt sein mögest. Handle mit Natürlichkeit, Du kannst es umso leichter, als im gegenwärtigen Augenblicke ohnedies Alles zu Ende ist, und ich . verspreche Dir, Dich aufmerksam zu machen. Kein Mitleid mit dem Andern, denn er hat nicht mehr noch weniger Hoffnung als seit fünf Jahren, daher ist seine Lage noch dieselbe. Schlage Dir die Gedanken an die beiden Prinzen für Deinen hiesigen Auf=

enthält aus dem Sinne, es ist dies das einzige
Mittel, Dich in den erforderlichen Zustand zu ver=
setzen, um glücklich zu werden. Darin aber besteht
das alleinige Ziel, das ich verfolge, und zu dessen
Erreichung ich Dir meinen ganzen Beistand aus=
spreche. Rede vor ihm nicht mit Joseph, weder im
Guten noch im Schlimmen. Er wird Dich auszu=
forschen suchen; Du hast ihm daher nur zu ant=
worten, daß Du ihn bittest, Dich, wenn er Dich
liebt, in Ruhe zu lassen. Deine Lage ist ohnedies
grausam genug, und Du mußt gar sehr vor ihm
auf der Hut sein, seitdem er Dir seine Meinung
kundgab, Du würdest Dich in den Herzog verlieben,
wenn Du ihn erblicktest.« *)

Am 17. traf der Herzog von Chablais aus
Turin ein und wurde von seinem Oheim, dem Kaiser,
mit besonderer Zärtlichkeit empfangen. Marie
Christine und Albrecht verlebten während seiner
Anwesenheit bittere Stunden. Mit Besorgniß blickten
sie auf den Kaiser, in dessen Hand ihr zukünftiges
Schicksal lag.

Das erste Zusammentreffen mit dem savoyischen
Prinzen wirkte einigermaßen beruhigend auf Herzog
Albrecht, indem er die Erkenntniß gewann, daß
weder dessen physische noch geistige Eigenschaften
ihn zu einem gefürchteten Rivalen zu machen ge=
eignet seien. In der That war der Eindruck, den
er auf Marie Christine machte, nicht so, wie ihn

---

*) Orig. ganz eigenhändig, französisch, im Erzh.
Albrecht'schen Archiv. Bei Arneth, Maria Theresia, Band 7,
in Uebersetzung abgedruckt.

König Joseph voraussetzte, als er sagte, sie würde sich in ihn verlieben, sobald sie ihn erblickte. Der Prinz ließ ihr Herz unberührt.

Zu den Vermälungsfeierlichkeiten hatten sich außer der kaiserlichen Familie, dem Herzog Carl von Lothringen, der Prinzessin Charlotte, den beiden sächsischen Prinzen und dem Herzog von Chablais, die höchsten Hofwürdenträger, der Staatskanzler Kaunitz, die Minister der verschiedenen Departements und die Gesandten der fremden Staaten eingefunden, von denen die meisten offenes Haus hielten. Es herrschte ein ungemein bewegtes Leben in der Stadt, da außerdem Leute aus allen Ständen zugeströmt waren, um die Kaiserin zu sehen.

Ungefähr zur selben Zeit als der kaiserliche Hof, sollte auch die Infantin-Braut in Innsbruck eintreffen. Maria Ludowika war bereits am 16. Februar (1765) zu Madrid dem Stellvertreter des Erzherzogs Leopold, Grafen Rosenberg (der später in den Fürstenstand erhoben wurde), feierlich angetraut worden. Rosenberg geleitete auch die Prinzessin mit großem Gefolge nach Oesterreich. Am 14. Juni verließ die fürstliche Braut Madrid; am 24. schiffte sie sich in Carthagena ein. Widrige Winde verzögerten jedoch die Fahrt, so daß man erst am 18. Juli in Genua landete.

Der FML. Graf Franz Thurn, der frühere Erzieher des Erzherzogs Leopold, erwartete mit seiner Gemahlin an der Spitze des neuen Hofstaates hier die Erzherzogin und übernahm sie in feierlicher Weise. Die Anwesenheit ihrer zukünftigen Schwägerin,

Maria Louise von Parma, der Braut des Prinzen von Asturien, welche mit ihrem spanischen Gefolge die Reise nach Madrid antreten sollte, hielt die Erzherzogin noch mehrere Tage in Genua zurück, worauf die Abreise nach Innsbruck erfolgte.*)

Diese Verzögerung benützte der Römische König (Joseph) zu einem Ausfluge nach den Salinen von Hall und den Bergwerken von Schwaz, sowie zum Besuche der Städte Bozen, Trient, Roveredo und des Gardasees, an dem auch Herzog Albrecht auf den Wunsch Josephs theilnahm, und mit dem er auch mehrere Male das Schloß Ambras besuchte, um die herrliche — gegenwärtig im Hofmuseum untergebrachte — Sammlung von aller Art Waffen, Medaillen, Kameen und Gemälden zu besichtigen.

Inzwischen war Maria Ludowika in Bozen angelangt, wohin ihr der Kaiser und Erzherzog Leopold entgegenreisten. Am 31. Juli fand die Begegnung statt, am 2. August hielt die Prinzessin ihren Einzug in Innsbruck. Sie bezog mit ihrem Gefolge einstweilen das Stiftsgebäude zu Wilten. Gleich bei ihrem ersten Auftreten hatte Maria Ludowika auf den ganzen Hof einen günstigen Eindruck gemacht. Der Kaiserin gefiel sie ganz besonders. Sie war nicht schön, besaß aber ein heiteres Temperament und ein offenes einfaches Wesen, aus dem die Güte ihres Herzens hervorleuchtete, so daß sie Jeden für sich einnahm, der mit ihr in Berührung kam.

---

*) Arneth, Maria Theresia, Band 7.

Die Einsegnung des hohen Paares sollte am 5. August stattfinden. Fast hätte dieselbe einen Aufschub erfahren, da sich der Zustand des Erzherzogs Leopold, der schon mit einer Indisposition von Wien abgereist war, verschlimmert hatte. Sie wurde indessen dennoch am anberaumten Tage in feierlicher Weise durch den Bruder Albrechts, Prinzen Clemens, Bischof von Freising und Regensburg, vollzogen. Erzherzog Leopold war an diesem Tage so schwach, daß man ihn aus den Appartements, die er im Schlosse bewohnte, in die Kapelle führen mußte. Nach der Trauung sollte er mit seiner jungen Gemahlin die Reise nach Florenz antreten, um im Namen seines Vaters, des Kaisers, die Regierung des Großherzogthums zu übernehmen, seine Erkrankung verzögerte jedoch dieselbe, sowie die, welche der Römische König Joseph in die angrenzenden italienischen Länder unternehmen wollte.

Für den Herzog Albrecht war diese Zwischenzeit entscheidend für das Leben und der Beginn glücklicher Tage. Als er sich eines Abends im Theater an der Seite des Kaisers befand, wendete sich dieser in vertraulicher Weise zu ihm mit den Worten: »Meine beiden Söhne schicken sich an, mich zu verlassen; ich werde ohne dieselben nach Holitsch gehen, aber Sie werden mich dahin begleiten und deren Stelle einnehmen.« Der Kaiser sprach so, daß es auch die in der Loge anwesende Erzherzogin Marie Christine hören konnte. Man kann sich vorstellen, welchen beglückenden Eindruck diese Worte auf Beide machten.

Mitten in der freudigen Stimmung trat jedoch ein Ereigniß ein, welches Alle in die größte Bestürzung versetzte. Es sollte dem Kaiser nicht beschieden sein, das eben ausgesprochene Vorhaben auszuführen. In der Nacht vom 17. auf den 18. August wurde er von einem Unwohlsein befallen. Er klagte über Beklemmungen auf der Brust. Die Aerzte empfahlen einen Aderlaß, und die Kaiserin stimmte ihnen zu. Der Kaiser weigerte sich jedoch und erklärte, es werde auch so besser werden. Am nächsten Morgen, an einem Sonntag, beichtete er noch, wie gewöhnlich, speiste zu Mittag öffentlich mit seiner Familie und wohnte abends mit dem Römischen König, dem Bischof von Freising und dem Herzog Albrecht dem italienischen Schauspiele bei. *) Nach dem Theater begleiteten ihn die Prinzen durch die Corridore der Hofburg bis zum Schlafzimmer des Erzherzogs Leopold, nach dessen Befinden er sich im Vorbeigehen erkundigen wollte, und begaben sich in den Speisesaal zum Souper. Kaum hatten sie denselben betreten, als ein Diener herbeistürzte und meldete, der Kaiser sei beim Eintritte in das Schlafzimmer des Erzherzogs vom Schlage gerührt worden und in den Armen seines Sohnes gestorben. **) Die Kaiserin hatte sich bereits zurückgezogen, ebenso

*) Man führte das ernste Stück »Il tutore« von Goldoni auf, welchem das Vallet »Iphigenia« folgte.
**) So berichtet Herzog Albrecht in seinen Memoiren, während ihn Arneth, Maria Theresia, Band 7, nach Wolf, »Aus dem Hofleben Maria Theresias«, in den Armen Josephs verscheiden läßt.

die Erzherzoginnen, welche an diesem Abend nicht im Theater waren. Man zögerte lange, ihr die Kunde von dem plötzlichen Hinscheiden ihres Gemahls zu überbringen. Die kräftige Frau war einer Ohnmacht nahe, als sie dieselbe vernahm.

Von der allgemeinen Bestürzung berichtet Herzog Albrecht:*) »Ich begab mich in das Zimmer, wohin man den Kaiser gebracht hatte. Ich fand ihn auf einem Tische ausgestreckt, ohne Leben. Zum letzten Male sah ich hier den geliebten Herrscher, dessen Andenken mir theuer und werth bleiben wird, so lange ich lebe. Es wäre schwer, den Schrecken jener Nacht zu schildern, die auf sein Hinscheiden folgte. Man vernahm nichts als Schluchzen und unruhiges Hin- und Herirren. Die Thränen, die ich unter der allgemeinen Trauer vergoß, kamen aus dem Grunde meines Herzens, das tief den Verlust empfand, den wir Alle erlitten.«

Der Zustand, in dem sich die Kaiserin befand, erregte ernste Besorgniß. Von unfaßbarem Schmerz ergriffen, verharrte sie anfangs in tiefer Niedergeschlagenheit, aus der sie nur der Gedanke an ihre Herrscherpflichten und ihre Kinder aufzurichten vermochte. Aber eine tiefe, stille Trauer hat noch lange Zeit ihr ganzes Wesen beherrscht.

Am 22. August wurde der Leichnam des Kaisers in Hall bei Innsbruck eingeschifft und nach Wien gebracht, wo am 31. die feierliche Beisetzung in der kaiserlichen Gruft stattfand. Am 30. August

*) Mémoires de ma vie etc.

trat Leopold mit seiner jungen Gemahlin die Reise
nach Florenz an, um nun als Großherzog von
Toscana die Regierung anzutreten. Graf Rosenberg
folgte ihm als erster Minister. Kurz vorher war
auch der Herzog von Chablais nach Turin zurückgekehrt. Die Reise Leopolds fand zur Schonung
seiner Gesundheit in kurzen Tagereisen statt. Fast
gänzlich hergestellt, traf er in Florenz ein. Zur
selben Zeit verließen Herzog Carl von Lothringen
und Prinzessin Charlotte Innsbruck, um sich nach
den Niederlanden zu begeben.

Am 1. September bestiegen Maria Theresia,
Joseph und die Erzherzoginnen Maria Anna und
Marie Christine mit zahlreichem Gefolge zu Hall
die auf dem Inn bereit stehenden Schiffe. Am
6. kamen sie in Wien an. Die Kaiserin hatte sich
jeden Empfang verbeten und war für längere Zeit
mit Ausnahme der Familienmitglieder für Niemanden
zugänglich.

Herzog Albrecht nahm seine Rückreise über
Brixen, Lienz, Klagenfurt und Leoben, während
sein Bruder Clemens bereits nach Freising zurückgekehrt war. Da er ohne Unterbrechung reiste, traf
er noch vor der Kaiserin in Wien ein, von wo
er sich nach kurzem Aufenthalte nach Preßburg
begab.

In der Zeit tiefer Niedergeschlagenheit gewährte
die Beschäftigung mit dem langgehegten Projecte
der Vermählung Marie Christinens mit Herzog
Albrecht der Kaiserin den einzigen Trost und lenkte
ihre Gedanken von dem Gegenstande ihres Schmerzes

ab. Nachdem sie hierüber zu einem festen Ent=
schlusse gelangt war, theilte sie denselben ihrem
Sohne Joseph mit, der hierin auch seine Wünsche
erfüllt sah.

Im Vereine mit ihm wurden dann die die
Ausstattung des fürstlichen Paares betreffenden
Artikel festgestellt. Joseph war anwesend, als Maria
Theresia der Erzherzogin ihre volle Einwilligung
zur Vermählung mit Herzog Albrecht mittheilte. Es
war den 9. November. Noch denselben Abend er=
hielt Albrecht, der sich in Wien befand, von der
Erzherzogin ein Billet, in welchem ihm der be=
glückende Entschluß der Kaiserin bekanntgegeben
wurde. Am folgenden Tage sollte er von Kaiser
Joseph selbst die Mittheilung erhalten.

»Es war am 10. November morgens,« berichtet
der Herzog, *) »daß mich der Kaiser einladen ließ,
mit ihm in den Garten zu fahren, den er damals
in der Josefstadt besaß, und wohin er mich öfters
mitzunehmen pflegte. Während der Promenade da=
selbst eröffnete er mir in seiner gewohnten scherzenden
Weise die gestern von der Kaiserin gefaßten Ent=
schließungen und belehrte mich über meine künftige
Stellung in Folge der Verbindung mit seiner
Schwester. Obgleich ich auf diese Eröffnung gefaßt
war, da ich seit längerer Zeit die Gedanken der
Kaiserin kannte, und Grund hatte mir zu schmeicheln,
daß die Gesinnungen des verstorbenen Kaisers
gegen mich in der letzten Zeit, sowie die Liebe für

---

*) Mémoires de ma vie etc.

seine Tochter schließlich dieses Resultat herbeiführen würden; so gestehe ich doch, daß ich durch diese Mittheilung des jungen Kaisers derart außer Fassung kam, daß ich mit Mühe darauf eine Antwort fand und diese ungeschickt ausfiel, was ihm Stoff zu neuen scherzhaften Bemerkungen bot. — Endlich giengen die Wünsche meines Herzens in Erfüllung, die ich von dem Augenblicke an hegte, als ich zum ersten Male vor nahezu sechs Jahren den Gegenstand derselben erblickte, die ich aber lange Zeit mir selbst nicht, viel weniger einem Anderen zu gestehen wagte. Es ist wohl nicht nöthig, das Glück zu schildern, das ich empfand, und die Lebhaftigkeit, mit der ich meine unbegrenzte Dankbarkeit der erhabenen Monarchin und zärtlichen Mutter, der ich dasselbe verdankte, auszudrücken mich bemühte.«

Damit stimmt auch überein, was Kaiser Joseph in einem Schreiben an seinen Bruder Leopold über diese Eröffnung berichtete: »Lange Zeit wollte er nicht glauben«, schreibt er, »daß ich im Ernste zu ihm rede. Als er sich jedoch hievon überzeugte, kannst Du Dir die Augen vorstellen, die er machte, als er sah, daß seine seit sechs Jahren gemachten Wünsche in Erfüllung gehen sollten. Mir aber, dem Philosophen Joseph, konnte nichts Angenehmeres geschehen, als für meine ganze Lebenszeit einer so guten Gesellschaft versichert zu werden. Da ich in meinem eigenen Hause keine Annehmlichkeit genieße, wird mir diese neue Familie große Erheiterung gewähren. Bei ihr werde ich die

Augenblicke zubringen, welche meiner Erholung ge=
widmet sind.« *)

Dieses Schreiben beweist zudem, welch innigen
Antheil Joseph an dem Glücke seiner Schwester und
des Herzogs Albrecht nahm, und daß er, weit ent=
fernt, demselben hinderlich zu sein, es in jeder Weise
auch um seiner selbstwillen zu fördern suchte.
Herzog Albrecht hatte sich indessen wieder auf seinen
Posten nach Preßburg begeben, wo er mit kurzen
Unterbrechungen den ganzen Winter hindurch ver=
blieb. Von hier aus notificirte er seinem ältesten
Bruder Xaver, als Chef der Familie, seine bevor=
stehende Vermählung mit der österreichischen Prin=
zessin. Zwischen den beiden Höfen wurde im Wege
der Gesandtschaften ein Familienvertrag geschlossen
und der Heiratscontract vereinbart. Prinz Xaver
hielt in aller Form schriftlich bei der Kaiserin für
Albrecht um die Hand der Erzherzogin an.**) Maria
Theresia ertheilte in einem eigenhändigen gegenseitigen
Schreiben, worin sie offen die vorzüglichen Eigen=
schaften des künftigen Gemahls ihrer Tochter rühmt,
ihre freudige Einwilligung. In demselben heißt es
unter Anderem: »Es geschiehet dies (die Ein=
willigung) mit umso größerer Zufriedenheit, je
mehr (ich) Mich mit der vergnüglichen Hoffnung
schmeicheln kann, daß eine solche eheliche Verbindung,
welche nicht sowohl auf zeitliche Absichten, als auf

---

*) Joseph an Leopold, bei Arneth, Maria Theresia,
Band 7, Pag. 256.

**) Das Schreiben ist von Dresden, den 28. Nov. 1765
datirt. E. A. A. in Copie.

persönliche Zuneigung und Uebereinstimmung der Gemüther gegründet ist, zur beyderseitigen Glückseligkeit ausschlagen und allen göttlichen Segen erhalten werde; wie Ich dann auch Meines Orts auf die geziemende Ausstatt= und Versorgung meiner vielgeliebten Tochter und auf die erforderliche Beyhülfe meines künftigen Schwieger Sohnes schon dermalen bedacht bin.«

Die Kaiserin hatte beschlossen, »ihren Kindern« eine glänzende Lebensstellung zu bereiten. Als der Herzog zu Weihnachten 1765 nach Wien kam, verkündete ihm Maria Theresia am zweiten Feiertage (26. December) seine Ernennung zum Feldmarschall in ihrem Heere, sowie zum Generalcapitän und Statthalter in Ungarn. Letztere Würde hatte auch der verstorbene Kaiser, als er noch Herzog von Lothringen war, bekleidet. Als Statthalter hatte er nur dem König den Eid zu leisten; der Palatin war dies auch der Nation zu thun verpflichtet. Zur Zeit war Marschall Fürst Ludwig Bátthyany Palatin, der, bereits hochbetagt, auf diese Würde zu Gunsten des Herzogs Albrecht verzichten wollte. Sein im October erfolgter Tod enthob ihn indes, dieses Opfer zu bringen. Dagegen wurden von den höchsten Adelskreisen gegen die Ernennung des Herzogs Vorstellungen erhoben. Sie betrachteten es für ihr Land als eine Demüthigung, daß anstatt eines Erzherzogs ein sächsischer Prinz diese hohe Würde erhielt. Maria Theresia erklärte jedoch, sie betrachte den Herzog als ihren Sohn, die Ungarn mögen in ihm deshalb auch den Erzherzog sehen. Man gab sich mit diesen Worten zufrieden, und es wurde keinerlei weitere Einsprache erhoben.

Bereits am 7. Jänner 1766 konnte Herzog Albrecht seinen feierlichen Einzug in Preßburg halten. Der ihm von den Ständen und der Bevölkerung bereitete Empfang ließ auf die allgemeine Zufriedenheit mit seiner Ernennung schließen.

Die Kaiserin hatte dem Herzog den Oberst Kempelen als Director der ungarischen Kanzlei beigegeben, der ihn in die Geschäfte einführen sollte. Im königlichen Schloß, wo er nun residirte, nahm er die Glückwünsche des Adels entgegen.

Seit November hatte sich mit Erlaubniß und Zustimmung der Kaiserin ein lebhafter und intimer Briefwechsel zwischen ihm und der Erzherzogin entsponnen.*) Täglich eilten die Courriere hin und zurück. Herzog Albrecht muß berichten, wie er den Tag verbringt, mit wem er verkehrt. Marie Christine ist nicht ohne Eifersucht auf die Damen, in deren Gesellschaft er sich bewegt. Als der Herzog in einem Briefe den Ausdruck »liebe Freundin« gebrauchte, ist sie bestürzt, gewinnt aber wieder die Fassung und schreibt: »Die thörichte Liebe wird vergehen, die Freundschaft selber soll die Grundlage unserer Verbindung bleiben; ja ich glaube, daß die

*) Par la permision de la meilleure des mères je suis autorisée de recevoir plus souvent de vos lettres, d' en retrancher toutes les Altesses et cérémonies. Christine an Albrecht. E. A. A. und bei Wolf, Maria Christine. Briefwechsel zwischen Albrecht und Maria Christine.

Ehe nur glücklich sein kann, wenn die Freundschaft die Grundlage bildet; wenn ich Ihre zärtlichste und beste Freundin werden kann, sehe ich das als meine beste Eigenschaft an; nichts soll zwischen uns verborgen bleiben, alle Gefühle, Sorgen und Kummer wollen wir theilen.« *)

Am 6. December (1765) sandte sie ihm zum Nicolo einen Korb mit Süßigkeiten, die sie mit folgendem launigen Billet begleitete: »Da es Sitte ist, den braven Kindern zu dieser Zeit einen »heiligen Nicolo« zu schenken, so empfangen Sie, mein Herr, diesen, da ich annehme, daß Sie unter jene gelehrigen Kinder gehören, welche die Süßigkeiten, mit denen dieser Korb angefüllt ist, und das Geschenk, das der ehrwürdige Prälat selbst bringt, verdienen. Aber zittern Sie dagegen vor dem Schicksal der bösen Kinder, von denen eines der schlimmsten bereits in dem Sack dieses garstigen Krampus steckt. Es hängt einzig und allein von Ihnen, mein Herr, ab, dem guten oder bösen Geschick zu verfallen; glauben Sie an einen Ihrer eifrigsten und anhänglichsten Diener, der Ihnen dieses schreibt. Vielleicht ist dies der »Krampus« selbst; deshalb unterlasse ich es mich zu unterzeichnen, in der Besorgniß Eure königl. Hoheit zu erschrecken.« **)

Die Trauer um den verstorbenen Kaiser schob die Verlobung und die Feier der Vermählung längere

*) Christine an Albrecht. E. A. A. (französisch) und bei Wolf, Maria Christine, Band 1, Pag. 36.
**) Original eigenhändig, in französischer Sprache im E. A. A.

Zeit hinaus. Es vergiengen noch mehr als drei Monate, bis der Herzensbund auch die kirchliche Weihe erhielt. Während dieser Zeit hatte sich der Herzog wiederholter Beweise des Wohlwollens von Seiten der Kaiserin zu erfreuen. Sie sorgte dafür, daß er ein seiner Stellung entsprechendes Haus führen konnte, da seine eigenen Mittel dazu nicht aus= reichten. Sogar die Hochzeitsgeschenke, welche er dem Herkommen gemäß der Braut zu machen hatte, bestritt sie aus ihrer Privatschatulle. — Die Kaiserin hatte sich von dem Schicksalsschlage, der sie getroffen, noch nicht erholt und trug die Last der Regierung doppelt schwer. Sie nahm daher den Kaiser, ihren Sohn, zum Mitregenten in den österreichischen Ländern, von dessen hervorragenden Eigenschaften sie eine für den Staat ersprießliche Unterstützung erwartete. Dadurch hoffte sie auch Zeit zu gewinnen, sich dem Wohle ihrer Kinder mehr als bisher widmen zu können. Für ihre Tochter Marie Christine und Herzog Albrecht ließ sie für deren zeitweiligen Aufenthalt in Wien in der Hofburg ihre eigene Wohnung einrichten, während sie selbst den zweiten Stock bezog. In gleicher Weise sorgte sie für deren Unterkunft in Laxenburg. Wiederholt kam sie nach Preßburg, um sich von den Fort= schritten der Arbeiten zu überzeugen, welche sie zur Herstellung und Einrichtung des königlichen Schlosses, das dem jungen Paare zur Residenz bestimmt war, angeordnet hatte.

Als der Bund des Herzogs mit Marie Christine bekannt wurde, kamen ihm von allen Seiten Be=

glückwünschungen zu. Außer seinen Geschwistern waren es vor Allen König Carl III. von Spanien und der Gouverneur der Niederlande, Herzog Carl von Lothringen, welche eigenhändige Schreiben an ihn richteten. Um die Mitte des Monats Februar lief die päpstliche Dispens ein, welche der Herzog wegen seiner nahen Verwandtschaft mit der Braut eingeholt hatte.*)

Die Verlobung wurde von der Kaiserin auf den 2. April (1766) festgesetzt. Schon anfangs März war Herzog Albrecht von Preßburg nach Wien gekommen; am 15. März traf sein Bruder der Bischof von Freising ein. Wie schon einmal ward ihnen das Taroucca'sche Haus auf der Augustiner= bastei zur Wohnung angewiesen. Den 2. April um 12 Uhr Mittags versammelte sich der ganze Hof in der Geheimen Rathstube. Der Herzog wurde von einem Kämmerer in seiner Wohnung abgeholt, vom Hofmarschall, Oberstkämmerer und Obersthofmeister an der Stiege empfangen und in die Gemächer der Kaiserin geführt. Maria Theresia und Kaiser Joseph erwarteten ihn und nahmen die officielle Werbung um die Hand der Erzherzogin entgegen, worauf er der Braut sein Miniaturporträt überreichte, welches ihr die Obersthofmeisterin an die Brust heftete. Der Hof trug noch Trauerkleider, nur Albrecht und Marie Christine waren in farbigen Gewändern erschienen. Die Braut trug ein mit

*) Original auf Pergament vom 5. Februar 1766, unterzeichnet von Cardinal Antorelli. (Unter Papst Clemens dem XIII.) im E. A. A.

den feinsten Brüsseler Spitzen bedecktes, faltiges
Kleid und einen reichen Brillantschmuck. Sie sah
reizend aus und erregte die allgemeine Bewunde=
rung. Hierauf begab sich Albrecht in Begleitung
seiner sächsischen Kämmerer Vitzthum und Petzold
zur Kaiserin Josepha, um ihr die vollzogene Ver=
lobung zu melden. Mit einem Galadiner und einer
Abendgesellschaft fand die Verlobungsfeierlichkeit
ihren Abschluß. Am folgenden Tage erschien der
Adel, um dem hohen Paare seine Glückwünsche
darzubringen, worauf die feierliche Renunciation
der Erzherzogin auf die Erbfolge statt hatte. Am
5. April wurde der Ehecontract ausgefertigt. Zeugen
waren die Fürsten Colloredo und Kaunitz.

Das Original des Heiratscontractes*) auf
Pergament ist vom 6. April 1766 datirt und von
Maria Theresia, Joseph, dem Fürsten Kaunitz und
dem Hofrath Binder unterschrieben. In demselben
heißt es unter Anderem: »Weil Prinz Albrecht als
jüngerer Sohn Friedrich Augusts III. von Sachsen
und Polen nicht mit souverainen Landen und einem
Unterhalt von der kurfürstlichen Rentkammer ver=
sehen ist,**) so wolle sie (die Kaiserin) in Erinnerung
an die gute Verwaltung Kaiser Franz' I. und aus
zärtlicher und mütterlicher Fürsorge ihnen noch eine
besondere Versorgung geben.«

Das Heiratsgut Maria Christinens betrug in
Geldwert ausgedrückt bei vier Millionen Gulden und

---

*) Im Erz. Albrecht'schen A.
**) Dem Herzog war zwar von seinem Vater eine
Rente ausgeworfen worden, die er aber nie bezogen hat.

bestand aus dem Herzogthum Teschen (im damaligen
Werte von 732.179 Gulden), den Herrschaften Man=
nersdorf (400.000 Gulden) und Ung.=Altenburg
(2,200.000 Gulden) nebst einer Baarsumme von
666.821 Gulden. Das Herzogthum Teschen war
böhmisches Kronlehen und vom Kaiser Franz I.
auf Joseph übergegangen, der darauf zu Gunsten
seiner Schwester und deren Descendenz verzichtete
und ihr und ihrem Gemahl das Recht zugestand,
Titel und Wappen desselben zu führen. Anstatt
Mannersdorf und des Baargeldes erhielt Maria
Christine jedoch später (1780) die Herrschaften
Bellye und Raczkeve in Ungarn.*) Sollte die Ehe
kinderlos sein, so falle der Besitz an die kaiserliche
Familie zurück. In dem Ehevertrage war ferner fest=
gestellt, daß die Erzherzogin und ihr Gemahl nach
dem Ableben des Herzogs Carl von Lothringen die
Statthalterschaft in den österreichischen Niederlanden
erhalten sollten. Der Herzog und die Erzherzogin
wurden außerdem mit fürstlichen Hochzeitsgeschenken
bedacht. Albrecht erhielt von Carl III. den Orden
vom goldenen Vließe in Brillanten,**) von Maria
Theresia das Großkreuz des Stephansordens und
einen mit Diamanten besetzten Degen; Marie Christine

*) Bellye war 1697 von Leopold I. dem Prinzen
Eugen verliehen worden und fiel nach dessen Tode (1736)
an die Krone zurück. Während Bellye der Erzherzogin und
ihren Erben verblieb, wurde Raczkeve noch bei Lebzeiten
Herzog Albrecht's an Kaiser Franz (II.) I. abgetreten.
**) Der Orden selbst war dem Herzog bereits vor
seinem 15. Jahre verliehen worden.

100.000 Gulden in Gold, eine reiche Garderobe, Brillantenschmuck und reichliches Tafelservice in Gold und Silber. Die Ausstattung (das Etablissement) war eine mehr als fürstliche. Der apanagirte sächsische Prinz wurde einer der ersten Würdenträger des Staates mit einem ausgedehnten Grundbesitze.*)

Die Hochzeitsfeier sollte nach dem Wunsche der Kaiserin fern von dem Geräusche der Stadt in Schloßhof (Schloß Hof) unweit Marchegg stattfinden. Maria Theresia hatte das Schloß durch Kauf von der Erbin des Prinzen Eugen, Anna Victoria von Hildburghausen, geb. Prinzessin von Savoyen erworben und zur Gewinnung eines großen Saales ein zweites Stockwerk aufsetzen lassen. Es war ursprünglich ein der freiherrlichen Familie Gienger, später dem Grafen Saint-Julien gehöriges Jagdschloß. Von letzterem hatte es Prinz Eugen im Jahre 1726 gekauft und in dem heutigen Umfang (bis auf das erwähnte Stockwerk) erbauen lassen. Es besteht aus einem Mitteltract, an den zwei vorspringende Seitenflügel mit französischen Dächern angebaut sind. Ueber dem im ersteren befindlichen Portal ist ein Giebel im Barockstil mit Schnecken an den Seiten und einer Uhr in der Mitte angebracht. Hinter dem Giebel erhebt sich ein kleiner Thurm mit 2 Glocken. Zu beiden Seiten zieht sich die Parkmauer hin mit reichen Eisengittern und Pfeilern, auf welchen Vasen stehen. Vor dem Schlosse befand sich einst eine großartig

---

*) Wolf, Maria Christine, Band 1.

terrassirte Anlage in Form einer Elipse mit Zufahrts=
rampen, die von Mauern eingefaßt waren, mit
Balluftraden, an deren Enden mächtige Löwen
lagerten. Die Mitte zierte ein großes Bassin mit
Springbrunnen und einer Neptungruppe. Der mittlere
Theil des Schlosses bildet ein Viereck mit einem großen
Hofraume, der von Bogengängen umgeben ist, die
im Erdgeschoße offen, im ersten Stock verglast sind.

Die Plafonds in den Gemächern des ersten
Stockwerkes waren mit Reliefs aus Stuck geziert.
Ueber den Thüren befanden sich geschnitzte und theil=
weise vergoldete Sopraporten. Die Tapeten waren
aus Stoffen, welche Eugen von den Türken bei
Mehadia erbeutet hatte. Das mit Atlas drapirte
Feldbett des Prinzen, sein Schreibkasten mit zahl=
reichen Schubladen und zwei Stockuhren von
Bronce mit Schildpatt zierten damals wie heute
noch ein Gemach. Ein Prachtbett mit einer Decke
aus schwerem gelben Atlas, auf dem die zartesten
Blumenstickereien sichtbar sind, findet der heutige
Besucher im Südtract des ersten Stockwerkes. Die
Wände des großen Saales, aus welchem man auf
den gegen den Garten gelegenen Balkon tritt, sind
mit echtchinesischen Tapeten bedeckt, auf denen sich
Darstellungen aus dem täglichen Leben der Chinesen
befinden. Prachtvolle venetianische Spiegel, ein
Kamin von purpurrothem Marmor erhöhen noch
die Pracht der Ausstattung.

Ein in architektonischer Beziehung merkwürdiger
Bau ist die Kapelle, ein oblonger Raum mit einer
hohen Kuppel, die mit einem Frescogemälde von

Carlone, Gottvater in der Himmelsglorie darstellend, geschmückt ist. In den Ecken sind die Leidenswerkzeuge Christi auf Goldgrund gemalt. Rechts und links vom Altar befinden sich Oratorien, von denen das für den Hof bestimmte fünf Reliefs, die göttlichen und die vier Cardinaltugenden darstellend, trägt. Von den beiden Plafonds ist der eine mit den Insignien der bischöflichen und priesterlichen Würde, der andere mit von Engelchen getragenen Instrumenten (in Stucco) geschmückt. Die Wände der Kapelle sind mit Stuckmarmor überzogen und mit Pilastern und vergoldeten Ornamenten ausgestattet. Das Altar= bild ist eine Copie der Kreuzabnahme von Rubens.

Dem heutigen Besucher des Schlosses werden eine Reihe von Familienbildern des Kaiserhauses in Lebensgröße in die Augen fallen. Darunter be= finden sich Kaiser Joseph II. mit seinen Schwestern Maria Anna und Maria Elisabeth, Ludwig XVI. mit Marie Antoniette und Maximilian, Kurfürst von Köln; Kaiser Leopold II. mit seiner Gemahlin Maria Ludowika und den Kindern Franz, Karl und Joseph. Besonders schön ausgeführt sind die Porträts der Erzherzogin Marie Christine und ihres Gemahls, des Herzogs Albrecht zu Sachsen= Teschen — beide Kniestücke.

Der Parterresaal mit seinem reichgeschmückten Stuccoplafond — Amoretten auf der Reiher= und Falkenbeize — Büsten in Relief und schwungvollen Ornamenten wird den Besucher entzücken. Der große Park wurde von Eugen im Stil Le Nôtres in zwei großen Terrassen angelegt, die sich gegen die March=

ebene herabsenken.*) Das Wasser für das Schloß und die Bassins wurde in drei Teichen gesammelt und mittelst einer dreiviertel Stunden langen Röhrenleitung herbeigeführt.

Meisterwerke der Schmiedearbeit sind die eisernen Gitter und Treppengeländer, welche die berühmten Gitter des Belvederes an künstlerisch zarter Ausführung und an Reichthum in der Composition weit übertreffen. Die Gitter sind vom savoyischen Kreuz inmitten einem Blumenkranze und von einem behelmten Kopfe überragt. Ueber dem Ganzen schwebt der Herzogshut.**)

Vom Balkon im ersten Stocke genießt man eine herrliche Aussicht. Das Auge gleitet hinaus über den prächtigen mit Alleen, Springbrunnen, Statuen und Blumenbeeten geschmückten Park auf fruchtbare Felder und Wiesen, welche die March wie ein silberglänzendes Band durchzieht. In weiter Ferne schließen auf der einen Seite in einem Bogen die bewaldeten kleinen Karpathen das Bild ab; ganz nahe am Ufer der March erhebt sich der Thebener Kogel. Jenseits der Donau erblickt man einen großen Theil des Marchfeldes, die Donauauen und den Wienerwald.

---

*) Die im kunsthistorischen Hofmuseum befindlichen Gemälde (Nr. 516, 518 und 540) von Canaletto (Bernardo Belotti) zeigen das Schloß von der Hof= und Gartenseite sowie in einer Seitenansicht.

**) Freiherr von Sacken im 19. B. der Berichte des Alterthumsvereines, pag. 131 ff., und Josef Maurer in den Blättern des Vereines für Landeskunde. December 1889.

Am 7. April vormittags traf die Kaiserin mit der Erzherzogin Maria Anna und ihren Kammerfrauen, den Gräfinnen Losy und Berchtold, in Schloßhof ein. Um 2 Uhr nachmittags folgten der Kaiser mit seiner Gemahlin und der Braut. In deren Gefolge befanden sich der Oberststallmeister Graf Dietrichstein, der Oberstkämmerer Graf Pálffy, die Obersthofmeisterinnen v. Linden und Vasquez, die Gräfinnen Salmour, Goëß, Wallis und Sztáray.

Am 8. vormittags kamen Herzog Albrecht, und sein Bruder Clemens mit ihrer Begleitung an. Um 1 Uhr begab man sich in den festlich mit Blumenguirlanden geschmückten Schloßsaal zur Mittagstafel. Die Eintretenden wurden mit Pauken und Trompetenschall empfangen. Für 6 Uhr war die Vermählung bestimmt. Herren und Damen des Hofes trugen Trauer, nur Braut und Bräutigam machten hiervon eine Ausnahme. Maria Christine trug ein weißes mit Silberblumen durchsticktes und mit Edelsteinen übersäetes Musselinkleid, der Herzog die Marschallsuniform.

Zur festgesetzten Zeit begab sich das hohe Paar, begleitet vom ganzen Hofe, in die Schloß=kapelle. Die Kaiserin nahm auf einem eigens für sie errichteten erhöhten Sitze Platz. Der kirchliche Act wurde vom Prinzen Clemens, Fürstbischof von Freising, vorgenommen und nahm nur kurze Zeit in Anspruch, da das Te Deum nur recitirt und nicht gesungen wurde. *)

---

*) Zur Erinnerung an die Vermählung ließ Maria Theresia auf der rechten Seite der Kapelle eine Marmor=

Bei der Abendtafel, an der jedoch die Kaiserin nicht theilnahm, gab es eine Menge Zuschauer, da Allen, bis auf den geringsten Landmann, der Zutritt gestattet war.

Am folgenden Tage versammelte sich der Hof um 10 Uhr im Vorsaale der Erzherzogin Marie Christine, um sie in die Kapelle zu geleiten, wo Bischof Clemens die Messe las. Hierauf war großer Empfang, zu welchem von Wien Fürst und Fürstin Batthyány und Fürst Kaunitz, von Preßburg der Judex curiae Graf L. Pálffy mit Gemahlin, ferner der ungarische Kanzler Graf Esterházy, Graf Grassalkovich und Gräfin Bethlen eingetroffen waren, um den Neuvermählten ihre Glückwünsche darzubringen.

In den nächsten Tagen gab es die üblichen Festlichkeiten im Geschmacke der Zeit. Die Herrschaften unterhielten sich mit Caroussels und einer Fahrt nach dem Schlosse Niederweiden. Zwei Paare aus der Landbevölkerung feierten ihre Hochzeit und waren von je 20 Paaren in ungarischem und sächsischem Nationalcostüm begleitet. Es wurde im Freien getanzt, musicirt und ein Bauern-Caroussel veranstaltet. Unter den Musikanten befand sich ein fünfjähriger Knabe, der mit großer Vir-

---

tafel mit folgender Inschrift anbringen: Maria Christina, Archidux Austriae, Albertus, Dux Saxoniae, Regius Princeps Poloniae, Serenissimi Sponsi, in hoc Sacello uniti, ecclesiae ritu peragente Clemente, Duce Saxoniae, Regio Principe Poloniae, Episcopo Frisingesi, die VIII. April. MDCCLXVI.

tuosität das Cymbal schlug. Alle wurden reichlich beschenkt. Höchst werthvolle Geschenke erhielt das hohe Paar. Marie Christine bekam einen Brillant= und Perlenschmuck, ähnlich dem, welchen die Kaiserin als Hochzeitsgeschenk erhalten hatte, und einen Fächer à la turque aus Elfenbein; Prinz Albrecht Hemdknöpfe mit Brillanten und ein goldenes Etui für Zahnstocher. Alle Theilnehmer an der Vermählungsfeierlichkeit erhielten werthvolle Angedenken. Goldene mit Brillanten besetzte Ta= batièren, Gegenstände aus schwarzem und rothem Lack und aus Email, sowie Nippes aller Art waren darunter.

Bei einbrechender Nacht wurde ein Feuerwerk abgebrannt. Man sah die Namen der Neuvermählten, von einem »Vivant« überragt, auf einem großen Medaillon, das ein kleiner Cupido emporhielt. Ueber dem Ganzen erschien ein »Vivat« mit dem Namen des Kaisers.

Am 11. wurde jeder Theilnehmer an der Bauernhochzeit und dem Bauern=Caroussel sowie die Musikanten mit einer Silbermedaille im Werthe eines Zwanzigers und mit einem Ducaten beschenkt. Nach der Mittagstafel fuhr der Hof nach dem Schlosse des Grafen Pálffy in Marchegg, wo eine Theatervorstellung stattfand, an der sich ein junger Graf Apponyi betheiligte. Das Souper wurde nach der Rückkehr in Schloßhof genommen.

Am 12. April begab sich die Gesellschaft nach dem Wallfahrtsort Marienthal, wohnte in der Kirche einer Litanei und Vesper bei, fuhr hierauf nach Stampfen, einer Besitzung der Grafen Pálffy. Die March wurde auf großen »Plätten« übersetzt.

Bei der Ankunft in Stampfen wurde der Hof mit Kanonenschüssen empfangen, und die versammelte Menge brach in Hochrufe aus. Von den Fenstern des Schlosses erfreute man sich wieder an den Tänzen der Landbevölkerung. Um 6 Uhr fuhr die Kaiserin nach Preßburg, um Anordnungen für den Empfang ihres Schwiegersohnes und ihrer Tochter zu treffen. Am 13. nachmittags folgten ihr diese mit der Suite nach. Sie wurden an der Landes= grenze von einer Anzahl ungarischer Magnaten er= wartet und in das königliche Schloß, ihren neuen Wohnsitz geleitet.*) Nach einigen Tagen traf Kaiser Joseph ein, um mit der Kaiserin nach Wien zurück= zukehren.

Das aus den Zeiten Ferdinand II. stammende königliche Schloß, welches gegenwärtig einen Trümmerhaufen bildet, hatte die Kaiserin mit einem Kostenaufwande von 1,300.000 Gulden zu einem prächtigen Palaste umbauen lassen, würdig einem König zum Wohnsitz zu dienen. Breite Treppen führten zu den Gemächern hinan, die fürstlich aus= gestattet waren und für 500 Personen Platz ge= währten. Die Empfangszimmer und Säle hatten Spiegelwände mit Goldleisten, die Wohn= und Schlafgemächer waren mit prächtigen Tapeten ge=

—

*) Wolf, Maria Christine, und ein gleichzeitiger Bericht in französischer Sprache (von Erzherzogin Maria Anna?), mitgetheilt in: Hofleben Maria Theresia's.

schmückt. Das Bibliothekszimmer war mit Holz=
täfelung versehen, der Bildersaal enthielt neben
historischen und Landschaftsgemälden die Porträte
der Officiere des Cürassier=Regiments »Herzog
Albrecht«. Daneben gab es eine Reihe von Fremden=
zimmern und Gemächern für die Dienerschaft. Für
den Gottesdienst bestand eine eigene Kapelle, die
gleichfalls renovirt worden war. An das Schloß
grenzten zwei neue Gartenanlagen. Die Aussicht
aus den oberen Stockwerken über die Stadt, den
mächtigen Donaustrom nach den waldbedeckten
Karpathen und in die weite Ebene mußte jedes
Auge entzücken.

Der Hofstaat des Herzogs glich dem eines
regierenden Fürsten. Obersthofmeister war Graf
Bethlen, Schwiegersohn des Fürsten Khevenhüller;
Obersthofmeisterin der Erzherzogin, die Gräfin
Vasquez, an deren Stelle später Gräfin Starhem=
berg trat. Hofdamen waren nacheinander die
Gräfinnen Wallis, Sztáray, Czernin und Esterházy.
Unter den Kammerfrauen finden wir eine Schloiß=
nigg, deren Sohn baronisirt wurde. General=
adjutant des Herzogs war der sächsische Baron
Seckendorf, Kammerherr Graf Lamberg. Dem
Obersthofmeisteramte unterstanden ein Secretär, ein
Kammerfourier, Kammerdiener, Thürhüter, Leib=
lakaien, Kammerheizer, Garderobediener, Zimmer=
putzer, Holzträger und mehrere Läufer. P. Lechner
aus dem Jesuitenorden, der ehemalige Lehrer
Marie Christinen's, war zum Beichtvater ernannt
worden und ihm in P. Staffler ein Substitut bei=

gegeben. Neben dem Leibmedicus und Leibchirurgen war für das Dienstpersonale ein Hofmedicus angestellt. Für die Verwaltung der ausgedehnten Besitzungen war ein zahlreiches Beamtenpersonal vorhanden.

Vierzehn Edelknaben standen unter einem eigenen Director, die Kammermusikcapelle unter einem Kammermusikus. Endlich diente ein zahlreiches Küchen- und Stallpersonale zur Vervollständigung des glänzenden Hofstaates.*)

In den nächsten Tagen nach dem Einzuge in das königliche Schloß übernahm Herzog Albrecht die Functionen als Statthalter (Locumtenens) von Ungarn. Als solcher hatte er den Vorsitz im Staatsrathe und bei dem obersten Justizrathe (der Septemviraltafel), welcher dreimal im Jahre in Pest zusammentrat. Ihm stand auch die oberste Entscheidung über alle strittigen Fragen im Gebiete der Jazygier und Cumanier sowie über die Grenzstreitigkeiten zwischen den einzelnen Comitaten zu. Die Aufgabe war für den Herzog umso schwieriger, als er sich bisher ausschließlich dem Militärwesen gewidmet hatte und in Verwaltungs- und Justizangelegenheiten nur oberflächliche Kenntnisse besaß. Die Rechtsverhältnisse Ungarns waren ihm nur im Allgemeinen bekannt. In der lateinischen Sprache, deren man sich bei den Verhandlungen bediente, war er ohne Uebung. Zwar hatte er es trotz seiner ungenügenden Vorbildung während der bei-

---

*) Nach einem Mscpt. im E. A. A.

den letzten Jahre durch fleißige Lecture dahin ge=
bracht, die vom ciceronischen Latein weit entfernte
Amtssprache zu verstehen, allein von einer voll=
kommenen Beherrschung derselben in Wort und
Schrift konnte anfangs keine Rede sein. Wollte
er sich nicht blos mit der äußeren Repräsentation
begnügen, wodurch er auch dem Wunsche der
Kaiserin Maria Theresia nicht entsprochen hätte,
so mußte er bemüht sein, durch eifriges Studium
die Lücken seiner Kenntnisse auszufüllen.

Eine besondere Förderung und Unterstützung
in den Amtsgeschäften fand Albrecht in Oberst
Kempelen, seinem Kanzleidirector, und in dem
Hofrath und geheimen Referendar der Septemviral=
tafel, Grafen Niczky.

Dadurch, daß er regelmäßig den zwei= bis
dreimal in der Woche stattfindenden Staatsraths=
sitzungen beiwohnte und an allen das Wohl des
Landes betreffenden Angelegenheiten regen Antheil
nahm, zerstreute er allmälig das Mißtrauen, das
man ihm anfänglich entgegenbrachte. Durch sein
conciliantes Wesen gelang es ihm sogar, den Wider=
stand zu beseitigen, den er von Seiten des Judex
curiae, Grafen Nikolaus Pálffy, erfuhr, als er,
unterstützt von Kempelen, zur Beschleunigung des
bisherigen schleppenden Ganges bei den Verhand=
lungen des Staatsrathes eine neue Geschäftsordnung
entworfen hatte, welche Maria Theresia mittelst
königlichen Rescriptes bestätigte. Pálffy wurde
bald aus einem Gegner der ergebenste Freund
Albrecht's.

Die allgemeine Achtung aber gewann der Herzog durch gewissenhafte Erfüllung seiner Pflichten. Mit der ungarischen Nation blieb er bis zum Antritt der Statthalterschaft in den öster- reichischen Nie- derlanden 1780) stets in gutem Einver- neh- men.

Beilagen.

Briefwechsel des Herzogs Albrecht anläßlich seiner Vermählung. [1]

Herzog Albrecht an Prinz Xaver.

Eigenh. Entwurf. (E. A. A.
Ohne Datum. Aus der ersten
Hälfte des Monats November
1765.

Permettez, mon cher frère, que je m'adresse à
Votre amitié dans l'occasion la plus importante où
Vous pussiez jamais me la faire éprouver. Si Vous
pouvez imaginer ce que c'est que d'être pris de passion
pour la plus parfaite Princesse du monde, et si, pour
gouverner aujourd'hui les Etats de notre neveu [2]),
Vous n'en connaissez pas moins la situation d'un Cadet,
vous n'aurez pas de peine à concevoir toute l'étendue
du Service que Vous pouvez me rendre. Je ne me
suis pas toujours abandonné à un espoir qui auroit
flatté mon coeur, mais qui auroit été désavoué par
ma raison; je ne m'abandonne pas même entièrement
à présent, et je suis encore tout étonné de pouvoir

---

[1]) Die ursprüngliche Schreibweise wurde, um den
eigenthümlichen Charakter nicht zu verwischen, überall bei=
behalten.

[2]) Prinz Xaver war Administrator für seinen minder=
jährigen Neffen Friedrich August (geb. 23. Dec. 1750,
wurde 1806 König von Sachsen).

me permettre de suivre des idées, dont j'avois toujours craint quelles ne me serviroient qu'à troubler pour toute ma vie la tranquilité de mon âme. Je demeure frappé de la disproportion de la condition d'un Cadet cherchant sa fortune par son Epée, à celle d'un fils de S. M. l'Impératrice et d'un frère de S. M. l'Empereur, ainsi de la distance du Célibat auquel je devois me regarder déstiné, au bonheur de posséder une Princesse telle que Mad: l'Archiduchesse Marie; je voudrais toujours me défier des espérances que je crois cependant oser recevoir, et je ne sçaurois encore tout à fait cesser de regarder comme chimérique ce qui pendant longtemps m'a dû le paroitre entièrement. Je Vous prie cependant de ne plus regarder comme uniquement tel le bonheur auquel je Vous prie de travailler pour moi. Quelque peu probable qu'elle l'ait été, ce n'est plus une chose impossible dans laquelle j'engage Votre amitié. LL. Majestés l'Impératrice-Reine et l'Empereur poussent leurs bontés pour moi à un tel point, que je puis sans extravagance porter mes espérances au dessus qu'il ne devoit sembler m'être permis de le faire. Je me rapporte au détail que j'ai fait à Mad. l'Electrice, qu'elle Vous communiqera et qui Vous étonnera. Comment ne sentiriez Vous pas que la fortune, à laquelle j'aspire, est si haute que toute notre Maison y participe. Je suis sûr, mon cher frère, que Vous concevez parfaitement. et la grandeur du bonheur que Vous pourrez m'obtenir, et l'importance de l'appuy dont Vous pourrez acquerir une nouvelle assurance à la famille. Agissez donc en tendre frère, en chef de famille, et en Dépositaire de la Souveraineté de Votre Patrie. Que votre demarche à la Cour Impériale réponde à tout l'excès de la bonté qu'on m'y temoigne et à l'avantage qui en résulte

pour la Maison; faites sentir qu'il est également impossible que le prix en soit perdu pour celle-ci et
que la reconnoissance en diminue jamais dans mon
coeur.

J'espère que Madame l'Electrice me fera la grâce,
dont je l'ai prié, de demander Mad. l'Archiduchesse
pour moi à S. M. l'Impératrice, et je Vous supplie
de faire formellement de votre côté la même demande
à. S. M. l'Empereur. Ce Prince, qui se fera craindre
de ses ennemis pendant qu'il se fera admirer et aimer
du reste du monde, me comble de temoignages les
plus marqués de son affection, et je crois pouvoir me
flatter que Votre lettre ne me demeurera pas inutile,
quoique je m'engage à ne point hasarder de la
donner, si je ne puis le faire avec sûreté de ne pas
Vous exposer à un refus. Après avoir ainsi opéré
mon bonheur, mon cher frère, pourrez vous doutez
de la vivacité de mon éternelle reconnoissance? Vous
ne le sçauriez, puisque ce ne seroit qu'en me mécon-
noissant entièrement et les sentimens avec lesquels
j'ai toujours été et serai toute ma vie, etc.

Prinz Xaver an Herzog Albrecht.

Orig. G. A. A.
Dresde ce 28 Nov. 1765.

Je ne saurois Vous exprimer, très cher frère, le
plaisir que j'ai ressenti en recevant la lettre que Miltitz [1] m'a remise de Votre part, et je me flatte que
Vous êtes assez convaincu de ma tendre amitié pour
Vous, pour ne pas douter de la part sincère que je

---

[1] Friedrich Siegmund Freiherr v. Miltitz, kursächs.
Hofmarschall.

preuds à un Evénement aussi heureux pour Vous et qui Vous procure un Etablissement aussi avantageux et agréable. Je n'entre dans aucun détail à ce sujet et m'en remets à la Depêche de Fleming [1]) à Petzold [2]) qui a Ordre de Vous en entretenir et à ce que Miltiz Vous dira de bouche, qui est chargé aussi des Anwerbungs-Schreiben pour S. M. l'Empereur et l'Impératrice Douairière que Vous m'avez demandés; de même que de Vous exprimer les Sentimens de joie dont mon Coeur est pénétré et que ma plume ne rendrait que foiblement; je me flatte que Votre nouvel Etat n'épuisera pas le fond de tendresse de Votre bon Coeur, et qu'il en restera toujours un peu pour un frère qui Vous aime et embrasse avec toute la tendresse imaginable.

Xavier.

Herzog Albrecht an die Kurfürstin=Witwe.

(Eigenh. Entwurf. G. A. A.
(Nov. 1765.)

Vous serez peut-être surprise, Madame, de l'arrivée de Mr. de Miltitz, mais vous serez bien plus encore du sujet de sa mission. Vous ne vous attendez certainement pas à apprendre de quelles espérances j'ose commencer à me flatter. Mon frère Clement, auquel je n'avois pu cacher des impressions contre lesquelles mon Coeur n'a sû se défendre, ne m'aura peut-être pas entièrement gardé le secret vis-à-vis de Vous. Comment aurais-je osé vous faire Confidence d'une chose qui paroissoit devoir être enseveli avec moi?

<hr>

[1]) Graf Flemming, geh. Cabinetsminister.

[2]) Petzold, Johann Sigismund v., sächsischer Minister=Resident.

Quelle apparence, que j'eusse pu élever mes idées jusqu'au point où il m'est permis de le faire aujourd'hui avec moins de témérité? La bonté de LL. MM. JJ., qui surpasse toute imagination, semble donner quelque probabilité à une chose qui ne paroissoit pas pouvoir en avoir. Sans oublier que je descende d'une Maison de laquelle il me sera toujours glorieux de descendre, si je mérite de le faire; Vous conviendrez que je ne pouvois me regarder que comme un Cadet auquel au fond le Ciel avait donné la Cape et l'Épée pour son plus beau partage et paroissoit avoir fixé le Célibat pour dot. Quand j'aurois pu avoir le bonheur de verser mon Sang pour le service de LL. MM., je serois toujours resté bien éloigné du mérite qui auroit pu m'autoriser à aspirer à Leur Alliance. Toute la vivacité des sentimens dont mon Coeur étoit embrassé, ne pouvoit m'empêcher de faire ces reflexions, qui assurément n'ont pu être que les vôtres et le sont sans doute encore.

Il m'est permis cependant de Vous prier de ne plus regarder comme tout-à-fait chimériques les idées d'un bonheur auquel la tendre amitié, dont Vous m'avez toujours honoré, Vous engagera à travailler pour moi. Je ne pourrois jamais Vous parler de Mad. l'Archiduchesse Marie, qu'avec un enthousiasme qui Vous feroit naitre le soupçon d'une exagération, et que personne cependant ne sçauroit éviter qui entreprendroit de Vous faire le portrait de Sa personne, de son esprit et de Son Coeur.

Pardonnez-moi, Madame, que je Vous dise, que Vous, qui réunissez tant de perfections en Vous, n'imagineriez pas facilement combien elle en possède. Elle a toutes celles qu'il falloit pour la rendre avec justice selon l'aveu unanime de tout le monde, la fille chérie de **Son Auguste et Adorable Mère**, et l'objet de la tendresse de toute Sa famille.

Jamais amitié maternelle n'a été mieux prouvée que l'est, envers elle, celle de S. M. l'Impératrice, par les avantages qu'elle lui fait, et dont je pourrois participer, si le Ciel m'accorde le souverain bonheur de l'obtenir. Outre la dot ordinaire on lui donneroit en propre un fond de terre de 4 millions en Hongrie, qui passeroit à sa postérité, et sur lequel il lui resteroit le pouvoir de 500.000 florins au cas qu'elle ne dut plus laisser d'enfans. S. M. me feroit non seulement la grâce d'avoir assez de confiance en mon attachement et mon zèle, pour me donner le poste important de Locumtenens du Royaume de Hongrie et commandant général des troupes qui y sont délogées, mais elle pousseroit même ses bontés jusqu' à m'assurer l'expectative du gouvernement des Pays-Bas, conjointement avec Mad. l'Archiduchesse sa vie durante.

Il m'est impossible, Madame, que Vous ne soyez étonnée de tous les avantages rassemblés qui se présentent à ma vue, et je suis persuadé que Vous devez en être plus frappée encore que moi, qui le suis trop du bonheur que je regarde comme l'unique au monde, pour que d'autres idées puissent faire une; jugez surtout par le détail que je viens de Vous faire, combien cette Princesse admirable a sû mériter d'être aimée par S. M. l'Impératrice et S. M. l'Empereur, pour que moi, qui ait si peu de titres pour leurs bontés, en ose cependant concevoir de semblables espérances. Elles ne me donneroient que plus de satisfaction encore (s'il était possible) parce que je puis croire qu'il seroit avantageux pour toute ma Maison que je puisse m'en flatter. Une nouvelle alliance avec la plus puis-

sante Maison de l'Europe, seroit tout ce qui pourroit
arriver de plus gracieux à celles même qui y tiennent
le premier rang. La nôtre a été depuis trop longtems
plus malheureuse encore qu'elle ne sçauroit être illustre.
Sa situation et ses adversités lui rendent indispensable-
ment nécessaire de chercher et de trouver de l'appui.
Il n'y en a pas de plus puissant ni de plus convenable
pour elle à tous égards que celui de la Maison Impériale. L'affinité et les anciennes alliances le lui
assurent déjà, mais qu'il seroit heureux pour moi, si
je pouvois devenir un instrument pour la rendre plus
certaine encore. Vous ne doutez pas, Madame, qu'après
ce que j'espère des bontés de LL. MM. JJ. je ne
doive en avoir reçu bien des marques non équivoques,
et Vous sçavez assez à quelle reconnoissance je me
suis cru obligé en toute occasion par les effets qu'ils
m'en ont déjà fait sentir. Douteriez Vous que je ne
crusse jamais pouvoir faire meilleur usage de leurs
bonnes grâces, qu'en tâchant de les concilier toujours
à notre Maison? Tout le bien qui m'arrive ailleurs
ne me fera jamais oublier le devoir de songer à celui
de ma famille et de mon pays. Soyez convaincue,
qu'en Vous priant de travailler à mon bonheur, ce
n'est pas à lui seul que je rapporte tout. Daignez
donc, Madame, me faire éprouver la force de votre
amitié dans l'occasion la plus importante de ma vie.
C'est à une Princesse à laquelle Vous Vous êtes souvent adressée, que je Vous supplie de vouloir porter
la parole en ma faveur. Faites moi la grâce d'écrire
à S. M. l'Impératrice, pour lui demander cette aimable
Archiduchesse, sa fille, dont je ne sçaurois prononcer
le nom, sans sentir l'emotion de mon Coeur. Vous le
connoissez depuis longtems ce Coeur. Vous le connoissez pour avoir été constamment rempli de zèle et

de respect pour Vous. Essayez, si Vous le pouvez, de le rendre encore plus pénétré de reconnoissance qu'il ne l'a été jusqu' à présent pour toutes les obligations que Vous m'avez imposées. Ce ne sera au fond qu'achever votre ouvrage, que de mettre la dernière main à mon bonheur. C'est Vous toujours que j'en dois regarder comme la première cause, puisque vous seule m'avez mis dans le cas de venir les chercher ici, et que par les sentimens que Vous m'avez inspirés, Vous m'avez fait ne pas paroître indigne de tout ce qu'il m'y arrive d'heureux, de flatteur et de glorieux.

J'ai l'honneur d'être etc.

Apostille. (P. S.)

Quelque grand et important que soit pour moi l'objet par lequel je viens d'avoir l'honneur de Vous écrire, Madame, Vous ne laisserez pas de pardonner de la distraction dans une telle occasion que Vous ne connoissez que trop sujet à en avoir dans des bien moindres, où les mouvemens de Coeur n'interrompent point les opérations de l'esprit. J'avais oublié de Vous supplier de garder le plus grand secret sur l'expectative du Gouvernement des Pays-Bas, pour ne pas causer de la peine au Prince Charles, s'il venoit à en apprendre la moindre chose, et pour ne pas m'attirer la mauvaise volonté de ce Prince respectable qui m'a temoigné mille et mille amitiés. Vous permettrez aussi, Madame, que j'ajoute à tout-ceci la très sérieuse asssurance, que les sentimens par lesquels je reponds à toutes vos bontés ne souffiront pas que je fasse usage de la lettre que je Vous demande, avant de m'être rendu certain que je ne Vous exposerai point à un refus.

Marie Antonie[1]) an Herzog Albrecht.

Monsieur Mon très cher frère,

Vous pouvez juger de la joye que m'a causée vottre lettre que Clement m'a rémise, par la vive tendresse que j'ay pour vous. Oui, cher frère, croyez que je jouis avec vous et que, si j'étois dans le cas de gouter un bonheur pareil au vôtre, je ne pourrois le sentir si vivement, je n'ay rien dit à (Xavier) de cette lettre, ainsi je vous prie, au cas que Vous luy écriviez, que vous ne luy disiez pas que vous me l'avez mandé, car il ne me pardonneroit pas de ne luy en avoir pas fait mention. On dit que le philosophe (Miltitz) vient icy, j'en suis bien charmée, quel plaisir pour moy de parler de Vous avec luy; je ferai un roman intitulé le philosophe amoureux, et le philosophe confident, et je Vous le dédierai. Oh, cher frère, que je suis contente et que vous me causés de plaisir, je vous aime comme mon fils, plus que mes fils, enfin plus que je ne puis le dire, et soyez persuadé que je Vous aimerai de même jusqu'au tombeau. Je suis

Votre fidelle sœur et servante
Marie Antoine.

Dresde ce 28 Nov. 1765.

Prinz Clemens, Bischof v. Freising u. Regensburg an Albrecht.

Orig. E. A. A.
Dresden den 28. November 1765.

Liebster Albrecht!

Der Miltitz, welcher Dir diesen Brief übergeben wird, kann Dir sagen, wie sehr ich seine Zurückreise

---

[1]) Kurfürstin-Wittwe nach dem am 17. Dec. 1763 verstorbenen Bruder Albrechts.

pressirt, da ich mir eure ungeduld vorstellen kan. Ich habe sie auch täglich der Churfürstin und dem Xaveri vorgestellt, es hat auch nicht von ihnen dependirt ihm geschwinder zu expediren; Du weist aber, wann die große Peruquen consultirt müssen werden [1]), es immer längsamer geht. Ich wolte wünschen ihn begleiten zu können und dir meine Freude bezeigen, da ich versichert bin, daß er es dir nicht genugsam sagen wird können.

Mich hat auch besonders gefreuet zu ersehen die avantage die Du durch diese Heurath erlangen werdest, bin auch versichert, daß man von hiesigen hoffe (Hofe) daß äußerste vor dich machen wird, so viel es die trau= rige Umstände unseres lieben Vaterlandes zulassen. Ich kenne dich genug, um leicht zu glauben, daß bey allen diesen Dich nichts so freuet als der Besitz Deiner liebsten Mimi, du hast aber auch recht, denn sie ver= dient es wohl. . .

Wie sehr ich mich freue Dich bey dieser gelegen= heit wieder zu sehen, kannst Du Dir leicht einbilden, und werde ich mich gewiß so lang bey dir aufhalten als es meine geschäften erlauben werden; was könnte mir wohl angenehmer sein als mit Dir zu sein und mit meiner Schwägerin die ich gewiß von Hertzen liebe (doch nur wie eine Schwester) erzeige ihr auch die Freude, so ich habe, sie wieder zu sehen und mit ihr von die alten historien reden zu können. Ich habe gestern Deinen Brief vom 23ten erhalten mit dem= jenigen von unserer Nièce. Sage denen Herrschaften Dank vor die genädige erinnerung zu meinem Tag [2]),

---

[1]) Es handelte sich um die von Sachsen an Albrecht zu leistende Apanage. Unter der »großen Peruquen« sind die Minister und Räthe zu verstehen.

[2]) Namenstag (23. November).

unserer lieben Kaiserin wie auch dem Kaiser lege mich zu Füßen wie etiam[1]) der Kaiserin Josepha! und mache mein compliment allen denenjenigen so sich meiner erinnern. Deinem lieben Schätzgen richte noch insbesondere was aus von mir. Die hiesigen Nachrichten kann Dir der Miltiz mündlich ausrichten, ich schließe Dich bittend denjenigen beständig zu lieben so Zeitlebens verbleibet

Dein getreuester Bruder
Clemens.

Marie Anna (Gemahlin Maximilian Joseph's, Kurfürsten von Bayern) an Herzog Albrecht.

Orig. im G. A. A.
Munic ce 25 Nov. 1765.

Mon très cher Unform!

Je ne sçaurois assez vous exprimer la joie que m'a causée Votre chère lettre du 18 que j'ai reçue avant hier, et ce n'est que par la connoissance que Vous avez de ma tendresse pour Vous qu'il Vous sera possible d'en juger. Enfin mon cher Albert je crois qu'après les bontés que Notre Chère Impératrice Reyne Vous accorde et dont l'Electeur m'a expliqué l'egnime, (l'enigme) quoiqu'aux expressions de Votre satisfaction je l'ai déviné, il ne Vous reste plus rien à désirer. Soyez persuadé que je partage bien sincérement votre consolation. Enfin Jacob[2]) voit ses voeux accomplis en obtenant sa belle Rachel; que ne puis-je me transporter un instant pour avoir le plaisir de voir Votre consolation. Sûrement je ne m'opposerai pas au

---

[1]) Auch.
[2]) Anspielung auf die lange Prüfungszeit.

voyage que Vous destinez à faire à Notre cher Clement, que ne puis-je Lui servir de Levite pour jouir du plaisir de Vous embrasser et Vous féliciter, je me flatte que Votre satisfaction ne me fera pas perdre de Votre amitié au contraire que Vous voudriez m'obtenir l'amitié, de celle qui la cause, je suis si transportée de joie que je sçait que ma lettre est pleine de confusion, mais Vous me le pardonnerez facilement, puisque cela Vous prouve combien je partage la vôtre, oui, cher frère, après Vous je ne crois pas que personne puisse en ressentir de plus vive et sincère. L'Electeur Vous embrasse et Vous fellicite de tout son coeur. Je ne suis pas en peine pour ce qui regarde la Cour de Saxe, connoissant l'Amitié que l'Electrice a toujours eu pour Vous, ainsy je suis persuadée qu'elles n'epargneront rien pour Vous voir au comble de Vos voeux. Conservez moi toujours Votre chère amitié et soyez persuadé qu'on ne sçauroit aimer plus tendrement que Vous aimera jusqu' à la mort

Votre fidèle Soeur

Marianne.

Herzog Albrecht an seine Schwester Maria Josepha (zweite Gemahlin Ludwig's, Dauphins von Frankreich.)

Eigenh. Entwurf. E. A. A.
Nov. 1765.

Quelque vive et sensible que soit la part que je prends à l'affliction, Madame, que Vous cause la maladie désolante de S. A. R. Monseigneur le Dauphin [1]) je ne puis m'empêcher d'interrompre Votre

[1]) Starb am 20. Dec. 1765.

douleur pour Vous parler du bonheur étonnant autant
qu'il est grand, que j'ai de lueurs d'espérances de
pouvoir obtenir, surtout si votre tendresse de bonne
Soeur veut s'employer pour moi. Les bontés dont
LL. MM. JJ. accumulent sur moi, toutes les marques
distinguées en les poussant jusqu'à vouloir me con-
fier le poste important de Locumtenens du Royaume
de Hongrie et Commandant Général des troupes qui
y sont delogées, me donnent lieu d'élever mes espe-
rances jusqu'à leur alliance même, qui n'auroit pas
semblée pouvoir en devenir jamais l'objet. Vous sentez,
Madame, que, quoiqu'il me soit permis d'espérer une
si haute fortune sans témérité, je ne puis cependant
qu'avoir besoin des plus puissantes intercessions pour
y parvenir. La vôtre sera plus efficace pour moi
qu'aucune autre, ma chère Soeur, et je Vous supplie
de vouloir la faire entrevenir pour moi en écrivant à
S. M. l'Imp. Reine pour lui temoigner non seulement
la satisfaction que Vous auriez à voir assuré et rendu
parfait, par le mariage avec Mad. l'Archiduchesse
Marie, le bonheur d'un frère qui Vous a toujours ega-
lement aimé et respecté, mais de faire sentir aussi, si
cela se peut, que ce seroit obliger même S. M. le Roy
de France et S. A. R. Monseigneur le Dauphin, que
de rendre heureux un Prince qui a l'honneur leur
appartenir de si près par Vous et du dévouement
éternel duquel ils doivent, par cette même raison,
être entièrement certains. Vous ne sçauriez douter
Mad. que tout le bien qui peut m'arriver par Votre
moyen, quelque grand qu'il soit d'ailleurs, n'augmente
de prix encore parce que j'aurai à Vous l'attribuer,
et Vous ne pouvez, par conséquent, qu'être persuadée,
de toute la vivacité de la reconnoissance dont sera
éternellement penché pour Vous le Coeur de Votre etc.

Herzog Albrecht an Carl III., König von Spanien.

Copie C. A. A.

Sire,

L'expérience que j'ai faite dés mon enfance, Sire, de la bonté particulière dont V. M. a bien voulu m'honorer, m'inspire la confiance de m'adresser à Elle dans une affaire dont dépend tout mon sort. LL. MM. JJ. me font éprouver tous les jours de plus forts effets de leurs gracieuse bienveillance. Elles la poussent jusqu'à vouloir me conférer le poste important de Locumtenens du Royaume de Hongrie avec le commandement général de toutes les troupes qui y sont délogées, et elles me donnent lieu par là d'élever mes espérances jusqu'à leur alliance. Rien ne pourroit contribuer plus sûrement à me faire arriver à un bonheur si grand qu'il auroit toujours dû surpasser mon espoir, que si la bonté de V. M. pouvoit la porter à témoigner à LL. Maj.tés JJ. que l'intérêt qu'Elle prend à ma famille Lui feroit regarder comme le sien, et Lui donneroit de la satisfaction comme tel, si je pourrois être assez heureux pour qu'on m'accordât, S. A. R. Mad. l'Archiduchesse Marie.

Quelque grave que soit la grâce que je viens de demander à V. M., je ne puis m'empêcher d'y joindre une seconde prière. Je regarde l'Ordre de la toison, dont V. M. a daigné m'honorer presque dés mon existence, comme le plus glorieux ornement dont je puisse jamais être decoré. LL. Maj.tés Imp.les veulent mettre le Grand Cordon de l'Ordre de St. Etienne qui est particulièrement celui du Royaume dont le Gouvernement m'est destiné, dans le nombre des grâces dont Elles me comblent et par lesquelles Elles me distinguent. Je supplie V. M. de daigner me permettre que je

192

joigne le dit Ordre à la toison, à la place de celui
de Pologne, que j'ai toujours porté avec celle-ci, et
que je n'aurai pas de peine à quitter pour cet effet,
puisqu'il n'est pas du tout de notre famille, mais d'un
pays qui nous est devenu tout à fait étranger.
Je continuerai de reconnoître toutes les grâces de
V. M. par la plus vive sensibilité et je serai toute
ma vie avec le plus parfait et respectueux dévouement etc.

Carl III., König von Spanien, an Herzog Albrecht.

Orig. G. A. A.

Monsieur, mon beau Frère; J'ai trop de titres
pour m'intéresser à vos satisfactions et avantages pour
ne pas apprendre avec une vray joie les dispositions
de bonheurs que vous me faites entrevoir dans votre
Lettre; je serois certainement charmé d'y pouvoir
contribuer; celui de l'Alliance avec une Archiduchesse,
remplie de merites, accompagné d'autres bienfaits de
l'Impératrice, est la plus grande preuve des bontés
de cette Princesse pour vous; si mes remercieiments
à l'Imp.ce sont capable de mettre la dernière main à
cette affaire. Vous en avez la sûreté dans la lettre
que je Lui écris, et que je joins ici; je lui marque
combien je serois sensible à cette Alliance. Pour ce
qui regarde à joindre l'Orde de St. Etienne à celui
de la Taison, Vous en avez une entière permission, et
je trouve même convenable, que Vous receviez de
LL. MM. Imp. cette nouvelle grâce de leur Ordre
d'Hongrie; soyez toujours persuadé de l'attachement
sincère avec lequel je prie Dieu qu'il Vous ait,

Monsieur mon beau Frère, en Sa Sainte et digne garde.

A Madrid ce 11 Decbre 1765.

Votre beau Frère
Charles.

Prinz Carl[1]) an Herzog Albrecht.

Orig.

Dresde ce 8 Dec. 1765.

Monsieur et très cher frère,

C'est ne qu'en vous rappelant la tendresse de mon amitié pour Vous que vous pourrés vous former une idée de la joie que j'ai ressenti aujourd'hui en recevant par Votre chère du 3 (probablement) d. c. et non pas d'oct. la confirmation de la plus agréable nouvelle, que j'eusse pu désirer d'apprendre, puisqu'elle m'annonce votre parfait bonheur par l'assurance de la possession de la plus aimable et accomplie Princesse du monde. Rendez, je vous en conjure, justice à ma tendresse pour vous, en vous persuadant, très cher frère, que ma joie de vous voir au comble du bonheur et de vos souhaits, surpasse toute expression, et que personne au monde ne peut prendre plus de part ni s'intéresser plus sincérement que moi, à ce qui fait votre parfait contentement. Faites, je vous prie, agréer les assurances de mon respect à celle qui fait l'admiration de tous ceux qui, comme moi, ont le bonheur de la connoitre, et laquelle va faire toute votre félicité, menagés moi les précieuses bontés de toute l'auguste famille Impériale et conservés moi votre chère amitié comme à un frère, qui vous aime et embrasse de tout son Coeur

Charles.

---

[1]) Bis 1763 Herzog von Curland.

Prinzessin Elise[1] an Herzog Albrecht.

Orig. (F. A. A.
Den 9. Dec. 1765.

Liebster Albrecht!

Ich habe gestern Deinen Brief vom 3ten mit vielen Freuden erhalten, ich war gar nicht bös auf Dich wegen dem geheimnus was Du uns gemacht, es war gantz natürlich das Du es uns verschwiegen sobald es Dir verbothen ware zu sagen. Du bist versichert von meiner Lieb gegen dir, also kannst Du Dir vorstellen die Freüd welche mir diese so gute Nachricht verursacht, es wäre ohnmöglich sie Dir zu beschreiben. Dürfte ich Dich bitten meiner neüen Frau Schwägerin viel von mir auszurichten und zu sagen, das ich von Hertzen wünschte sie bald persöhnlich zu kennen. Die Wetzel erfreüet sich auch mit Dir, und last Dich fragen ob Du noch hören und sehen thust. Die Wurmbrand und ich haben dem Clement[2] gesagt er solle das künftige jahr mit Dir hieher kommen, es thäte mich wohl erfreüen wenn es könnte möglich seyn. Er ist heüt fruh fort, es ist mir wohl sehr leyd, das er nicht hat können länger bey uns bleiben. Der Carl[3] welcher mit ihm bis Peterswalde gegangen, hat mir diesen Brief[4] gelassen Dir zu schicken, ich will Dich nicht länger aufhalten, Du möchtest nicht Zeit haben so lang zu lesen, also schließe Dich bittend mich allezeit ein wenig lieb zu haben und versichert zu seyn das ich Dich von Hertzen liebe und Zeitlebens verbleibe

Deine treneste Schwester
Lisel.

----

[1] Geboren 9. Febr. 1736, † 24. Dec. 1818.
[2] Ihr Bruder, Bischof Clemens.
[3] Prinz Carl, ihr Bruder.
[4] Vom 8. Dec. Man sehe dort.

Prinzessin Cunigunde[1]) an Herzog Albrecht.

Orig. E. A. A.

Dresde ce 9 Dec. 1765.

Le plaisir que je ressens, très cher Frère, de votre
bonheur, peut mieux s'imaginer que s'exprimer par la
plume, l'intérêt que mon amitié me fait prendre à tout
ce qu'y vous regarde, et dont vous en connoissez
l'étendue, peut vous suffire, pour être convaincue que
je la partage de coeur et d'âme; je suis bien éloignée
d'être fachée comme vous croyez du mystère que Vous
m'en avez fait; quy (qui) c'est (sait) mieu(x) que moi
que dans des circonstances pareilles on ne depend pas
de Sa propre volontée? et d'ailleurs cette nouvelle
et (est) si charmante et ravissante pour moi que je
ne songe qu'à m'en réjouir; ma discrétion jusque là
m'empêcha de vous en parler. pour ne pas vous con-
traindre à feindre avec une soeur quy vous et si
attachée; dites à votre charmante Archiduchesse tout
ce que l'amitié la plus tendre sçauroit exprimer, je
crois que pour cette commission je ne puis mieux
m'adresser qu'à vous. car les expressions ne vous man-
queront pas, cependant, si vous ne le désaprouvez, j'y
joins moi-même quelque mots. pour me rémercier de
l'amitié dont Elle m'a fait assurer, et de Lui en con-
vaincre de même de ma part; je vous laisse le soin
de me cultiver Son amitié, pour moi je l'estime depuis
longtems, mais ce lien quy vous rend heureux et rend
notre parentée plus proche, me la fait déjà aimer en
Soeur, enfin je ne finirai pas, si je voulais vous dire
tout ce que je sens à cette occasion; il m'a bien fallu
une nouvelle pareille, pour me consoler du départ de
mon cher Clement. quy c'est fait ce matin après 6 h.:

---

[1]) Geb. 10. Novemb. 1740. Aebtiffin von Thorn und
Effen d. 16. Juli 1776. † 8. April 1826.

je l'ai accompagné jusqu'à Zest [1]) et Charles à Peters-
walda [2]), vous n'aurez pas de peine à être persuadé
que j'aurai souhaité de le suivre plus loin. Clement,
quy vous fait faire Ses Compl., m'a chargée de vous
faire parvenir ses lettres, je vous prie de vous charger
aussi de mes incluses, et de présenter mes respect à
S. M. L'J. en Lui rémettant ma lettre. Je Vous embrasse en vous priant de me conserver en tout état,
cette amitié que je mérite par l'inviolable amitié avec
laquelle je serai pendant toute ma vie

Votre très fidèle Soeur

Cunegonde.

Marie Christine (später — 1773 — Aebtissin von Remiremont) an Herzog Albrecht.

Orig. F. A. A.

Remiremont ce 11 Dec. 1765.

Mon très cher Frère,

J'ai resçu hier votre chère lettre du 18 p. et
Vous rends milles grâces de l'intérêt que Vous prenez
à ma santé, mais comme ma Santé est un objet trop
peu important, je passe d'abord à un article qui l'est
infinement pour une Soeur qui Vous aime de tout
son coeur, je ne veux donc pas différer à Vous assurer
que les cruels chagrins que j'ai par rapport à mon
attachement et mon amitié pour M. le Dauphin ne
m'empêchent pas de prendre la part la plus vive à
tout ce qui Vous regarde, ainsi vous ne devez pas
douter que les bontés infinies de LL. MM. JJ. en

[1]) Zehista? bei Pirna.
[2]) Peterswald in Böhmen an der sächsischen Grenze
zwischen Berggießhübel und Karbitz.

vous conférant la place du Palatin d'Hongrie avec le titre de Locumtenens et le comendament général des troupes dans ce Royaume, mais plus que tout cela, ce que Vous me dites en confidence, [1] est une grande consolation pour moi dans mes malheurs, je Vous aime trop cher Frère pour que cela puisse être autrement, ce dernier article me fait d'autant plus de plaisir que je suis sûre que cela fera le bonheur de votre vie, vous me la dites en confidence, dont je Vous suis infiniment obligée, mais je vous assure que ce n'est pas un secret, car depuis que Mr. le D. de Pralin [2] en a informé Mme la Dauphine [3], et il y a 8 jours de cela, toutes lettres que je reçois sont remplies de Compliments à ce sujet, j'ai été même étonnée d'apprendre cette nouvelle par d'autres que par Vous, ou par X. (Xavier) c'est ce qui m'a fait différer à vous en faire mon Compliment avant que de sçavoir cette agréable nouvelle par vous même, je vous le fais actuellement de tout mon Coeur, et en vous demandant la Continuation de votre chère amitié, je Vous prie d'être bien persuadé que personne ne prendra jamais plus part à tout ce qui peut vous regarder, que celle qui sera toute sa vie avec la plus parfaite et inviolable tendresse

Votre fidèle Soeur

Christine.

--

1) Die bevorstehende Vermählung mit Erzherzogin Marie Christine.

2) Praslin. Gemeint ist: Choiseul-Stainville (Etienne-François de) duc de Choiseul et d'Amboise en Touraine, né 1719 mort le 8 Mai 1785, der damals Minister des Aeußeren war.

3) Ihre Schwester Marie Josephe.

Prinz Carl von Lothringen[1] an Herzog Albrecht.

Orig. E. A. A.
Undatirt.

Votre altesse,

J'ai reçu celle qu'elle m'at écrit par l'archiduchesse Marie par qui je renvoye ma reponce. J'espére qu'elle me rend trop de justice pour n'être pas persuadée de la part que je prend a tout ce qui la concerne, à plus forte raison dans cette occasion-cy; rien ne peut me faire plus de plaisir que de m'imaginer d'avoir dans peu un nouveau neveux, que jay toujours aimé et estimé, ce sont les sentimens dont je prie Votre Altesse d'être bien persuadée. Sy jay un regres, c'est de ne pouvoir pas etre temojn de cette cérémonie; mais mon coeur y sera sûrement, permettez en même tems que je la remercie des compliments qu'elle veut bien me faire pour mon jour de naissance la priant d'accepter les miens pour les fêtes et le jour de l'an, en l'assurant de la plus sincére amitié, et de l'attachement veritable avec laquelle je suis

de Votre altesse

le trés obéissant Serviteur

Charles de Lorrajne.

(Mons) ce 22 Xbre 1765.

Thurn (-Valsassina[2]) an Herzog Albrecht.

Orig. E. A. A.

Monseigneur,

Sa M. la Reine Impératrice sachant combien je m'intéresse à tout ce qui peut arriver d'heureux et

---

[1] Bruder des Kaisers Franz I., Gouverneur der öst. Niederlande.

[2] Anton Graf Thurn-Valsassina, Generalmajor.

satisfaisant à V. A. R. a eu la grâce à me faire communiquer par ma belle soeur [1]) tout ce qui vient d'être conclu à l'avantage de V. A. R. S'il y a quelqu'un au monde qui ait en cette occasion ressenti un plaisir parfait c'est bien moi Monseigneur: Elle ne peut en douter après qu'Elle est persuadée et convaincue de ma soumission et de mon respectueux attachement. Je Lui en fais mon très humble compliment et je ne doute pas que l'accomplissement de ses désirs (ne) la rendront parfaitement heureux. V. A. R. doit se souvenir que je Lui ai dit plus d'une fois que je prévoisis des événemens qui Lui fourniroient dans ce monde un sort doux et heureux tel que V. A. R. le mérite par Ses belles, rares et eminentes qualités.

Je sçais que le colonel Kempel(en) est destiné pour son service, je le recommande à Sa protection; c'est un homme d'esprit, de beaucoup de jugement et parfaitement honnêt-homme, il pourra toujours Lui rendre des services importans. J'ai l'honneur de me dire en Sa plus respectueuse soumission de

V. A. R.

le plus humble et le plus obéissant

Thurn GM.

Florence ce 3 décembre 1765.

[1]) Gabriele geborene Freiin von Reischach, Gemahlin seines Bruders Franz und Obersthofmeisterin der Großherzogin, späteren Kaiserin Maria Ludowika. Nach dem Tode ihres Gatten (4. Februar 1766) vermählte sie sich (12. Mai 1767) mit ihrem Schwager Anton. Gestorben 1815.

Thurn [1]) an Herzog Albrecht.

Orig. G. A. A.

Monseigneur,

Il m'est impossible de différer davantage à prendre part à Votre bonheur. Je pense, que quoique la chose soit encore dans le secret, nous pouvons toujours bien en causer un peu ensemble par provision. V. A. R. ne doute pas que de tous ceux qui pourroient y prendre part, il n'y en a point qui osât jamais entrer avec moi en comparaison d'attachement, de zèle pour Son Service, ni d'amour pour Sa personne. Vous allez être heureux Monseigneur, mais heureux et trois millions de fois heureux. Vos talens extraordinaires vont avoir un théâtre digne d'eux pour se développer, il falloit que Vous occupiez la première place de la Monarchie pour qu'Elle en connut tout le prix. Vos talens physiques trouveront aussi un Champ de bataille comme il n'y en a assurément pas dans l'univers, ainsi Vous avez de ce côté également tout ce qui vous restât à désirer. Mon coeur ne se contient point à force de joye, de Contentement et de Voeux pour Votre satisfaction et le bonheur qui Vous attend.

Je me bornerai à ce peu de mots pour le présent, attendant que les choses soient publiques, pour Vous réitérer de nouvelles félicitations. Il me suffit que Vous sachiez que je m'en rejouis extraordinairement en secret. Daignez toujours m'aimer un peu, me prosterner aux pieds de la Divinité et un peu Vous res-

---

[1]) Franz Graf Thurn=Valsassina FML. und Oberst=hofmeister des Großherzogs Leopold.

souvenir de ce profond et respectueux attachement, avec lequel je suis

Monseigneur

De V. A. R.

Le plus soumis serviteur

Thurn.

Florence ce 10 Xbre 1765.

Herzog Albrecht an den Grafen Flemming.

Eigenh. Entwurf E. A. A.

Une amitié aussi souvent eprouvée que la vôtre, mon cher comte, pourroit elle me permettre de douter un instant de l'utilité dont elle me sera dans un moment où il ne s'agit pas de moins que d'assurer le bonheur de ma vie? Je n'entrerai dans aucun détail sur les espérances que je crois pouvoir fonder sur les bontés inexpricables dont LL. Majestés Impériales me comblent. Vous serez parfaitement mis au fait là dessus par mes lettres à Mad. l'Electrice et à mon frère l'administrateur, mais surtout par celle que notre digne Pezold me fait l'amitié de Vous adresser. Je ne Vous écris la présente qu'uniquement pour Vous prier de m'appuyer auprès des Parents que je ne sçaurois regarder que comme très disposés déjà à écouter leur tendresse qui leur parlera en ma faveur. C'est moins au Ministre sage et zélé pour les intérêts de la Maison que je recommande ceux d'un Prince qui n'en perdra jamais les avantages de vue, qu'à l'ami sûr et éclairé que je recommande ma fortune, désirant de Vous avoir autant l'obligation d'avoir achevé de la fixer, que je Vous ai déjà celle d'en avoir jeté les fondemens. C'est des premières impressions qu'on donne de soi que depend ordinairement le succès qu'on peut avoir à gagner les esprits des hommes, et j'ai le bonheur de les trouver bien disposés ici pour moi, n'est-ce pas à la façon dont Vous les avez prévenus à mon avantage que j'en suis redevable? Même depuis que je Vous ai perdu d'ici [1]), quelle obligation n'ai-je pas continué de Vous avoir pour les conseils qui m'ont toujours servi de direction dans ma conduite. Comment l'imprudence de mon âge ne m'auroit-elle pas fait échouer contre des écueils que votre sagesse me faisait connoître et que votre amitié me faisait éviter. Pouvant me croire près du port, ne souffrez pas, mon cher comte, que j'en sois arrivé inutilement à la vue, et achevez de me secourir jusqu'au bout comme Vous m'avez guidé dans les commencemens. Ne croyez pas qu'après cela je m'endorme sur la foi du succès et soyez au contraire persuadé que je travaillerai très ardemment à faire regarder avec le tems comme une justice ce qui à présent ne peut l'être que comme bonté. Je ne Vous assure pas ma reconnoissance; il seroit trop malheureux d'avoir besoin de le faire. Plut au ciel seulement que je puisse trouver une fois l'occasion de Vous prouvez ainsi que généralement les sentimens de l'estime et considération distingués avec lesquels je serai éternellement etc.

Flemming [1]) an Herzog Albrecht.

Orig. C. A. A.
(Nov. 1765).

Monseigneur.

Un fidèle serviteur est trop heureux, quand il a occasion de montrer le chemin à un Prince, dont

---

[1]) Carl Georg Friedrich, Graf Flemming, kursächsischer Geh. Cabinets=Minister, war früher sächsischer Gesandter in Wien, gest. 1767.

l'esprit est sage et le coeur vertueux. Il me seroit bien glorieux d'avoir contribué quelque chose aux brillants succès de Votre Altesse Royale: Mais Vous êtes trop généreux, Monseigneur, quand Vous voulez m'en donner le mérite. Vous devez tout à Vos vertus, et je Vous en félicite de tout mon coeur. Je supplie V. A. R. d'être persuadée, qu'Elle trouvera toujours en moi le même zèle pour le service: Je Lui en donnerai toutes les preuves, qui seront compatibles avec le devoir de mon ministère. Dans l'occasion dont il s'agit aujourd'hui l'amitié de M⁰ l'Administrateur Vous suffira, Monseigneur. Il fera tout ce qui depend de Lui. Il ne me reste que la satisfaction de renouveller à V. A. R. les assurances du profond respect et du dévouement inviolable avec lesquels je ne cesserai d'être

Monseigneur
de Votre Altesse
Royale le très humble serviteur
Fleming.

Verbesserungen.

Seite 10, Zeile 15 von oben, soll es heißen: de r Prinzen, anstatt: des Prinzen.

Seite 13, Zeile 6 von oben, soll es heißen: der Prinzen, anstatt: des Prinzen.

Seite 16, Zeile 9 von oben, soll es heißen: Aachener Frieden, anstatt: A ch n e r Frieden.

Seite 20, Zeile 15 von oben, soll es heißen: de Prades, anstatt: Prades.

Seite 32, in der Anmerkung soll es heißen: 1760, anstatt: 1750.

Seite 92, Zeile 2 von oben, soll es heißen: Beaurain, anstatt: Beauvain.